あいち小児保健医療総合センター編

～行動観察と小さな目標からはじめる～

気になる子どもの保育の基本
あい・あい 保育向上プログラム

監修　山崎　嘉久　あいち小児保健医療総合センター保健センター

編著　今本　利一　あいち小児保健医療総合センター診療支援部
　　　植田 紀美子　大阪府立母子保健総合医療センター遺伝診療科

診断と治療社

あい・あい保育向上プログラムの生い立ち

　あいち小児保健医療総合センターは，21世紀の最初の年（2001年）にオープンした比較的新しい小児保健医療施設です。児童精神科医や臨床心理士に人材を得ていたことから，発達障がいの診断と対応を求めて，「心療科」の受診予約はあっというまに「3年待ち」となりました。また，地域と病院とをつなぐ部門（保健センター）が設置されていたこともあって，私たちは，「気になる子どもたち」への対応に苦慮してされていた近隣の保育園からの事例相談に数多く出合うこととなりました。

　たくさんの園長先生，主任先生や担任の保育士さんたちが，子どもたちへの対処法を求めて当センターに来所されました。まだ特別支援教育という名称すらなかった中で，保育士さんたちのニーズは，薬物や心理療法などの医療的な対処でもなければ，名前の通ったプログラムでもありませんでした。日常の保育園生活の中で繰り返される，子どもたちの行動や態度，気持ちにどのように向き合うのかなど，きわめて現実的なものでした。

　相談を繰り返すうちに，子どもや保育園の状況が違っても，一定の共通した課題や解決法のあることに気づきました。その方法は，特別な道具やテクニックを使うのではなく，ふだんの保育活動の中での関わり方を，タイミングや順序を変えて行うことです。そこで当時，心理指導科長であった大河内修先生（現，中部大学幼児教育学科教授）を中心に「あいち小児センター方式」として保育士さん向けの研修を開始しました。

　2006年から心理指導科長となった今本利一先生は，グループワークのファシリテーターを担った総合診療部（現，診療支援部）や保健センターのスタッフとともに研修に数々の工夫を加えました。そして研修に参加いただいた保育士さんたちとともに，現場の経験の積み重ねで作り上げてきたのが，あい・あい保育向上プログラムです。

　私たちはあくまで現場のニーズに対応しながら歩んできましたが，2013年に植田紀美子先生が，その効果について客観的な評価をされるとともに，園長先生や主任先生などが，それぞれの園の担任保育士さんを指導する新しい形の研修スタイルの開発にご協力をいただきました。

　この間に，センターでの研修に直接ご参加いただいた保育士さんだけでもゆうに400名を超え，愛知県内には，このプログラムを応用した独自の保育計画や研修を展開している自治体もあります。また現在，福島でも実践が試みられているところです。今回の発刊を機に，さらに多くの保育士さんと子どもたちにこのプログラムが広まることを望んでやみません。

　終わりにあたり，プログラムの開発と実践にご協力をいただいた愛知県内外の保育関係者の皆様，大河内先生をはじめとした診療支援部のスタッフ（臨床心理士，作業療法士，チャイルドライフ担当の保育士）・保健センターの保健師，ならびに植田先生の研究班員の皆様に謝意を申し上げます。

平成27年3月

山崎　嘉久
あいち小児保健医療総合センター保健センター長

目次

あい・あい保育向上プログラムの生い立ち ……………………………………… iii
執筆者 ……………………………………………………………………………… vi

第1章 あい・あい保育向上プログラムとは ……………………… 1

A 保育の理念とあい・あい保育向上プログラム　　　　　　　　　2

B あい・あい保育向上プログラムの効果とエビデンス　　　　　　6

　　Column ウェブサイト「あい・あい すてっぷ プロジェクト」　　11

第2章 あい・あい保育向上プログラムの基本知識 …………… 13

A あい・あい保育向上プログラムの3つのステップ　　　　　　14

B 個別の対応　　　　　　　　　　　　　　　　　　　　　　　17

C 集団での応用と効果　　　　　　　　　　　　　　　　　　　42

第3章 実際にやってみよう ……………………………………… 47

A 手　順　　　　　　　　　　　　　　　　　　　　　　　　　48

B 年少事例　50

- ❶ 3歳・男児　りくちゃん—身の回りのことを楽しみながら身につけた例　50
- ❷ 3歳・男児　こう君—子どもの興味を生かしてゆっくり変化していった例　57

C 年中事例　66

- ❶ 4歳・女児　のんちゃん—シンプルな目標に取り組んで表情が豊かになった例　66
- ❷ 4歳・男児　こうちゃん—困った行動を大目に見て行動が改善した例　74
- ❸ 4歳・男児　のり君—ほめてほしくて気持ちの切り替えが早くなった例　81

D 年長事例　88

- ❶ 5歳・女児　あきちゃん—いろいろな視覚的手がかりを与えて行動できるようになった例　88
- ❷ 5歳・男児　とし君—事実を伝えて理解を促し困った行動がなくなった例　95
- ❸ 5歳・男児　とも君—手洗いを通して友達に認められるようになった例　103

第4章　記録を活用して話し合ってみよう　111

A 保育日誌の様式　112

B 所内での話し合い　115

第5章　あい・あい保育向上プログラム Q&A　123

索　引　132

執筆者

監 修

山崎　嘉久（やまざき　よしひさ）

略歴

1981年岐阜大学医学部医学科卒業。医学博士。1994年岐阜県立岐阜病院小児科部長，1999年岐阜県健康福祉環境部健康政策課技術課長補佐，2000年愛知県健康福祉部県立病院課主幹，2001年あいち小児保健医療総合センター保健センター保健室長，2003年同・総合診療部長（現，診療支援部長），2010年同・保健センター長。

主な著書

『医療従事者のための子ども虐待防止サポートブック』奥山眞紀子，他・編，クインテッセンス出版，2009（分担執筆）
『講座　子どもの心療科』杉山登志郎・編著，講談社，2009（分担執筆）
『特別支援教育の基礎』宮本信也，他・監，東京書籍，2009（分担執筆）
『ふだんのかかわりから始める子ども虐待防止＆対応マニュアル改訂第2版』山崎嘉久，他・編，診断と治療社，2011
『小児脳神経外科　診療ガイドブック』新井　一，他・編，メジカルビュー社，2013（分担執筆）
『公衆衛生実践キーワード』鳩野洋子，他・編，医学書院，2014（分担執筆）

主な研究

- 厚生労働科学研究費補助金（健やか次世代育成総合研究事業）H24-26年度「乳幼児健康診査の実施と評価ならびに多職種連携による母子保健指導のあり方に関する研究」（研究代表者）
- 厚生労働科学研究費補助金（成育疾患克服等次世代育成基盤研究事業）H25-26年度「健やか親子21」の最終評価・課題分析及び次期国民健康運動の推進に関する研究」（研究分担者）
- 厚生労働科学研究費補助金（成育疾患克服等次世代育成基盤研究事業）H25-26年度「病児・病後児保育の実態把握と質向上に関する研究」（研究分担者）
- 厚生労働科学研究費補助金（成育疾患克服等次世代育成基盤研究事業）H23-24年度「母子保健事業の効果的実施のための妊婦健診，乳幼児健診データの利活用に関する研究」（研究分担者）

編著

今本　利一
（いまもと　としかず）

略歴

1979年立命館大学文学部哲学科心理学専攻卒業，1982年大阪教育大学大学院学校教育課程修了，1983年愛知県心理職として採用される。愛知県心身障害者コロニーを皮切りに，児童相談所（現，児童・障害者センター）などを経て，2006年より，あいち小児保健医療総合センター総合診療部心理指導科（現，診療支援部）に勤務する。

この間，主に，障がい児の査定や療育，相談，学習指導および保護者支援に関わり，また障がい児保育研修を通して，「あい・あい保育向上プログラム」を作成してきた。2015年子ども発達相談室みどり，愛知学院大学非常勤講師。

主な著書

『現代のエスプリ　臨床心理査定研究セミナー』森田美弥子・編，至文堂，2007（分担執筆）
『講座　子どもの心療科』杉山登志郎・編著，講談社，2009（分担執筆）
『よくわかる子どもの精神保健』本城秀次・編，ミネルヴァ書房，2009（分担執筆）

主な研究

- 厚生労働科学研究費補助金（地域医療基盤開発推進研究事業）H24-26年「被災後の対応を含めた在宅障害児支援ツールの開発に関する研究」（研究協力者）

植田　紀美子
（うえだ　きみこ）

略歴

自治医科大学卒業，米国ハーバード大学公衆衛生大学院卒業（MPH），自治医科大学医学博士取得。大阪府立病院小児科，大阪府健康づくり感染症課主査，厚生労働省精神保健福祉課心の健康づくり対策官，米国ハーバード大学公衆衛生大学院研究員等を経て，2008年より大阪府立母子保健総合医療センター勤務。

現在，同センター臨床研究支援室長，遺伝診療科副部長として，障がい児等に関する研究や診療を行っている。

主な研究

- 科学研究費助成事業（基盤C）H24-26年「療育の評価法の実態把握及び家族アウトカム質問票を用いた療育効果の評価に関する研究」（研究代表者）
- 厚生労働科学研究費補助金（障害者対策総合研究事業）H22-23年「障がい児をもつ家族に対するニーズアセスメント指標の開発と小児病院と地域が連携した包括的な支援方策に関する研究」（研究代表者）
- 厚生労働科学研究費補助金（地域医療基盤開発推進研究事業）H24-26年「被災後の対応を含めた在宅障害児支援ツールの開発に関する研究」（研究分担者）

第1章 あい・あい保育向上プログラムとは

A 保育の理念と
あい・あい保育向上プログラム

B あい・あい保育向上プログラムの
効果とエビデンス

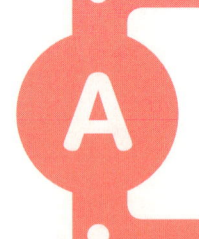

A 保育の理念とあい・あい保育向上プログラム

　『あい・あい保育向上プログラム』とは，あいち小児保健医療総合センター診療支援部が提案し，保育リーダー研修で実施してきた方法です。従来は，あいち小児センター方式と説明してきましたが，10年あまりの実践と実績をまとめて，ここに『あい・あい保育向上プログラム』（以下，本プログラム）として整理しました。

　保育現場は，気になる子どもや障がいを疑う子どもが増えており，障がいのはっきりしている子どもも入所しているので，現場はその対応に毎日追われています。保育所には中堅からベテランの保育士が少なくなり，若い保育士が多いことも最近の特徴といえます。保育の多様化に伴い臨時職員も多くなり，保育現場は障がい児やその疑いのある子どもに対するノウハウが十分蓄積されず，手探り状態で保育にあたっている保育士や保育所もあるようです。

　さて，障がいをもった幼児に関する書物はいろいろ出ており，また困った行動や問題行動への対応に関する書物も幾冊か見られます。しかし，日常生活での対応に関する書物はほとんど見られません。本プログラムは気になる子どもや障がいの疑われる子どもを含めて，障がいをもった子ども達に対する基本的な対応プログラムです。子どもの困った行動や問題行動への対処を中心に据えたプログラムではありません。生活に主眼をおいて，保育士と子どもの関係性にも着目することが，子どもの育ちにとってより大事であるためです。実践の結果，行動上の問題が減ったり，困った行動がなくなることはあります。また，対象児を通して，自分の保育を向上させる保育実践プログラムでもあります。

1　あい・あい保育向上プログラムの概要

　本プログラムは，先ほど触れた保育リーダー研修で提案した方法を保育現場で実践していただき，その結果をもとに時間をかけてまとめたものです。これは理論的には，行動科学や認知社会学習理論などにつながるところがあります。

　本プログラムは，子どもに特別なことをして成長させたり，発達させるものではありません。日常生活の身の回りのことを通して，言い換えれば，当たり前のことをしながら，子ども達がもっているであろう力を引き出すプログラムといったほう

が適切かもしれません。したがって，子どもの成長や発達は，その子どもの潜在能力の程度によって様々といえます。もちろん，ここには保育士の関わりや保育環境も少なからず影響していることはいうまでもありません。

本プログラムは大きく2つに分かれています。1つは個別の対応であり，もう1つは集団形成の視点です。個別の対応を生かして集団の形成につなげることを考えています。

a 個別の対応

本プログラムでは2者関係を重視するので，〈保育士―子ども〉の1対1の場面を作ります。流れとしては，〈行動観察（客観的）→3つの援助の設定→関わり（実践）→行動観察（関与的）→日々の記録→評価〉になっています。

個別の対応の場合，さらに3つのステップがあります。ステップ1が身の回りのこと，ステップ2が苦手なこと・初めてのこと，ステップ3が困った行動（問題行動）であり，この順に取り組みます。ステップはレベルと置き換えて考えていただいてよく，やさしい課題から難しい課題へと順次取り組むことになります。スタートはステップ1（レベル1）から着実に取り組みます。3つのステップでは，身の回りのことに最も重きを置きます。身の回りのことに取り組むことは，子どもにとってわかりやすいだけでなく，子どもを深く理解でき，より適切な関わり方ができるからです。

b 集団の形成

集団の形成は，個別の対応をある程度踏まえたうえで実施します。それはまず個人の関係を重視し，そのうえで集団を考えるからです。発達に障がいがあると集団への参加はなかなか難しいので，早い段階での集団参加は考えません。個別の対応が徐々に実を結んできたら取り組んでいきます。この過程で対象児は周りの子どもに関心を示します。そして，子どもの宝探し（よいところ探し）として個々の子どもを結びつけて集団を新たに作ることを考えたり，クラスの雰囲気を変えていきます。こうして障がいをもった子どもが集団活動に参加しやすい土壌を作ります。

2 あい・あい保育向上プログラムの特長

a 子どもを問わない

研修では，発達障がいおよびその疑いのある子どもを中心に取り組んできました

が，対象児には中度から重度の知的障がい児も決して少なくありません。このことは子どもの知的障がいの程度を問わないといえます。その他，実際には，聴覚障がいのある子ども，肢体不自由のある子ども，虐待を受けた子ども，両親が外国人のため日本語のやりとりが難しい子どもなど，数は少ないものの，このような子ども達も対象児として取り組み，一定の成果をあげています。それには，ステップ1「身の回りのこと」に取り組むことと密接に関係しています。保育所に在籍している子どもには広く適応可能と思います。

b 個別から集団へ

　個別対応にとどまらず，個別対応をもとに集団の形成あるいは集団への参加に取り組みます。ここでは，集団の中にどのように参加させるかではなく，保育士と子ども，次いで，子ども同士の結びつきを生かして集団を作っていくことを考えます。したがって，集団や活動という枠組みの中に入れる通常の視点とは異なります。

c ポイントを絞る

　3つの援助として，ポイントを絞って取り組んでいきます。その3つとは，援助場面と援助目標，援助方法です。保育士も忙しいのであらゆる場面で子どもと付き合うことはできません。そこでポイントを絞って関わることを提案し，実践してきました。特定の場面ですが，そこでしっかり子どもを見て，その子どもらしさを理解し，短い時間ですが濃密な関わりができます。

d 段階的に取り組む

　個別対応では，ステップ1「身の回りのこと」，ステップ2「苦手なこと・初めてのこと」，ステップ3「困った行動（問題行動）」と，3つのステップに分けて，1つ1つ段階をあげて取り組むことを勧めています。困った行動を抱えていると，どうしても"何とかしたい！""何とかしないと！"との気持ちになりますが，こういう場合でも，身の回りのことからこつこつ取り組みます。ステップ1から取り組み，保育士と子どもとの関係性ができることでステップ2，3と進みやすくなります。また，先ほど触れたように，個別対応から集団の形成へと2段階で考えています。
　保育所の活動は大きく捉えると，生活と遊びの2つからなっており，その生活を積極的に生かしていこうというものです。身の回りのことが少しずつできると，適応的な行動は確実に増えます。かわりに，困った行動が減っていくことも期待できます。したがって，何か特別な物を用意したり，特別なことをする必要はありません。段階的なので保育士も取り組みやすく，見通しが立ちやすいと思います。

e 目に見える物やことから

　このことは身の回りのことから取り組むことと密接に関係しています。子どもにとって目に見える物やことはわかりやすく，また身の回りのことは毎日，取り組みます。人は表情や態度など変化しますが，物や設備は変化しません。したがって，子どもにとってはそれだけわかりやすいといえます。〈目に見える物やこと＝身の回りのこと〉になります。しかも，身の回りのことは結果が早く出て成果が感じられやすく，目に見えるものを通して，目に見えないものに迫っていくことが，本プログラムの重要なポイントです。

f 子どもをほめる

　具体的な関わりでは，援助場面を中心にして子どもを積極的にほめます。ほめることは保育現場ですでに推奨されていると思いますが，「ほめて育てる」を合言葉にいろいろな形で，いろいろな人から積極的にほめてもらいます。ほめることは肯定的な働きかけをすることの1つだと思ってください。その他，認める，励ます，「ありがとう」という，頭をなでる，（ハイ）タッチする，抱きしめるなどが，あげられるでしょう。援助場面を中心に，このような働きかけをして，その他の場面やクラスの友達にも広げながら関係を作るきっかけにしていきます。

g 保育士の養成プログラム

　これは保育リーダー研修として実施してきた経緯があるので，現場での実践プログラムとして位置づけることができます。第3章の事例を読んでいただくとおわかりいただけると思いますが，子どもと関わって子どもがよくなるだけでなく，保育士の力量もあがります。

　今までの実践から以上のことがわかってきました。はじめからこれらのことが全貌的にわかっていたわけではなく，研修を積み重ねて少しずつ理解が深まってきました。

B あい・あい保育向上プログラムの効果とエビデンス

　『あい・あい保育向上プログラム』（以下，本プログラム）は，保育所における気になる子どもへの対応策"あいち小児センター方式"として約10年前に考案され実践されてきたもので，"保育の理念"が前提にあり，保育士と子どもとの関係性を重視した保育所での集団生活の質を向上させるプログラムです。これまでの間，保育現場で活用され，「子どもにも保育士にも効果あり！」と実感されてきました。子どもが保育所に適応してきた，よい変化が現れた，私（保育士）も子どもを深く観察できるようになった，保育に自信がもてるようになったなど，保育士の声として多く聞かれます。実際，どのような効果があるかを調べてみました。

a 方法

　保育所長に対して，A県を通じて参加を募集し，本プログラムの理念や使い方について，指導者養成研修を行いました。研修を受けた保育所長が各自の保育所で障がい児保育を担当する保育士を指導しながら，その保育士が本プログラムを活用して対象児を保育し，本プログラムを活用する前と活用し6か月経過したときの子どもや保育士の状況を比較しました。この方法は，one-group pretest-posttest design といって，比較群を伴わずに1つのグループに一定の介入を行い，介入前と介入後を比較するという準実験的研究方法です。

1）子どもの成長発達を追う

　KIDS〔Kinder Infant Development Scale typeT；乳幼児発達スケール（キッズ）〕という発達評価尺度を用いて成長発達の経過を見ました。KIDSは多くの乳幼児の発達状況を素早く把握できる指標で，保育・教育現場の先生方や臨床専門家がそれぞれの指導場面で活用しているものです。運動，操作，理解言語，表出言語，概念，対子ども社会性，対成人社会性，しつけ，食事の9つの領域全282項目があり，これらの発達を調べることで子どもの全体的な発達を捉えます。対象児の担当保育士に本プログラムを活用する前と活用し6か月経過したときの2回，子どもについて記入してもらいました。

　もう1つは，日本版SDQ（Strengths and Difficulties questionnaire）という

国際的に幅広く利用されている行動的・情緒的問題を把握する心理尺度を使いました。情緒不安定，問題行動，多動・不注意，友人関係問題，向社会的行動の5領域全25項目があり，特に支援効果の判定に活用されているものです。KIDSと同様に対象児の担当保育士に記入してもらいました。

2）保育士の不安感やセルフ・エフィカシー（自己効力感）を追う

本プログラムを活用した保育を保育士に指導する保育所長，対象児の担当保育士の不安状態を新版STAI（State-Trait Anxiety Inventory）を使って調べました。新版STAIは特性不安と状態不安を評価することができます。特性不安とは不安に対するいつもの自分の性格傾向を表し，状態不安とは"今まさにどのように感じているか"というような不安を惹起する事象に対する反応です。これら2種類の不安がどのように変化するかを追ってみました。

もう1つは，GSES〔General Self-Efficacy Scale；一般性セルフ・エフィカシー（自己効力感）尺度〕を用いて個人の一般的なセルフ・エフィカシー認知を測定しました。セルフ・エフィカシーとは，行動変容の先行要因で認知的変数といわれています。セルフ・エフィカシーがあがると行動変容が確実に生じることを意味していて，何らかの行動をきちんと遂行できるかという予測の一般的な傾向を測定できます。

b 結果

指導者養成研修を受けた保育所長10名，所長が指導する保育士21名，これらの保育士が本プログラムを用いて担当する子ども21名がこの研究に参加しました。対象児の平均年齢は4歳2か月で，診断はされていないけれども気になる子どもが10名，自閉症スペクトラム障がい7名，ダウン症候群2名，身体障がいおよび知的障がいの重複障がい2名でした。

1）子どもの変化

本プログラムの導入により，KIDSの点数が統計学的に有意にあがりました。つまり，発達が伸びたことがわかりました。KIDSは月齢を考慮した発達年齢を評価します。介入後，6か月が経っている分，6か月を通したその子なりの発達がありますが，これを考慮しても以前より発達が伸びたということになります。では，どのようなところが伸びたのか，KIDSの下位項目で変化を見てみました。対成人社会性だけ，統計学的に有意ではありませんでしたが，どの項目も伸びていました。気になる子どもと自閉症スペクトラム障がいの子ども17名に限って変化を見ると，対成人社会性も含めてすべての項目で統計学的に有意に伸びていました。（図1）。

子どもの行動の特徴は，介入前から大きく異なっていました。つまり，子どもは

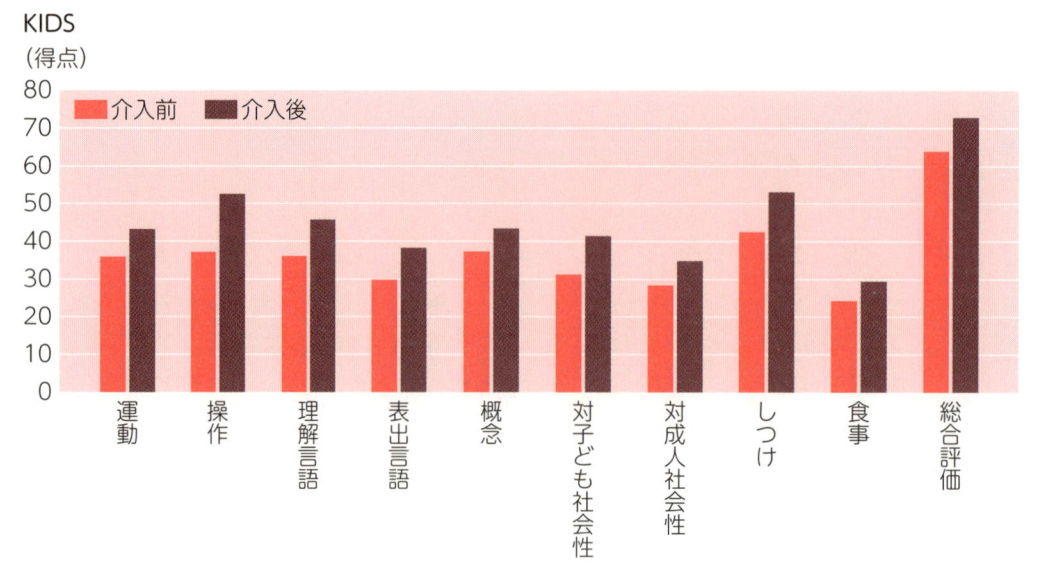

図1　子どもの変化（発達）
すべてで有意な発達の向上を認めた

それぞれ違った行動特性をもっていたということです。しかし，本プログラム介入前後でその行動を比べると，一定の傾向が見られました。SDQ の下位項目のうち友人関係問題が統計学的に有意に減っていましたが，他の項目は特に目立った特徴はありませんでした。対象児に本プログラムを活用したことで，集団生活においてその子どもと友人との関係で生じていた問題が減ったという結果になりました。

2) 保育士の変化

　まず，保育所長と子どもを担当する保育士とでは，もともとの不安やセルフ・エフィカシーの程度が異なっていました。保育所長は，特性不安も状態不安も保育士よりも統計学的に有意に低く，また，セルフ・エフィカシーも有意に高いという特徴がありました。もともとセルフ・エフィカシーが高く，不安が低い性格傾向の方が保育所長になるのか，保育所長になる過程でそのような性格傾向になるのかは，この調査だけではわかりませんが，興味深い特徴がありました。では，本プログラムの介入前後ではどのような変化があったでしょうか。

　特性不安は特に変化がありませんでした。あたり前のことですが，不安に対する自分の性格傾向というものは 6 か月経っても変わりませんでした。しかし，状態不安は保育所長，保育士ともに統計学的に有意に改善していました。本プログラムを活用して保育を実施した保育士のみならず，保育士を指導した保育所長の状態不安まで改善していたのです（図2）。障がい児保育にあたる保育士が本プログラムを活用したこと，また，保育所長から助言を受けながら子どもに向き合うことができたことが，状態不安，つまり障がい児保育にあたることによる不安を軽減させた

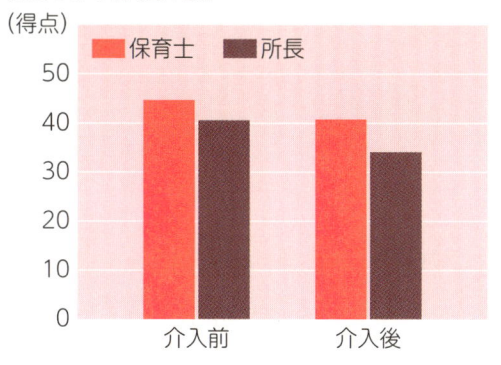

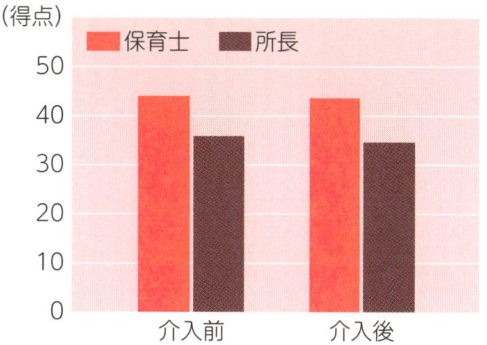

図2　保育士・所長の変化（不安）

ことが推測できます。また，保育所長の状態不安が改善した理由として，具体的な指導方法を習得し，保育士に助言できたこと，子どもや保育士がよい方向へ変化していくことが実感できたことなどが考えられます。

　保育所長，保育士のセルフ・エフィカシーも統計学的に有意に向上しました。先にも述べましたが，セルフ・エフィカシーは，何らかの行動をきちんと遂行できるかという予測の一般的な傾向を測定できます。セルフ・エフィカシーが向上することは，遂行行動を達成する見込みがつきやすくなったことを意味するといわれています。保育士は本プログラムの実践を通じて，対象の子どもに対して，どのように保育を実施していくかという目途がつきやすくなり，セルフ・エフィカシーが高められたのではないかと推測できます。

3) 子どもの変化と保育士の変化との関係性

　このように，本プログラムを活用して保育を実践することで子どもの発達促進や保育士の不安改善，自己効力感の向上が得られ，保育の現場に有効なプログラムであることがわかりました。さらに，子どもの変化と保育士の変化はどのような関係であったか，もう少し分析しました。

　子どもの発達の伸びとその子どもを担当した保育士のセルフ・エフィカシーの向上が有意に関係していました。これは，子どもの発達が伸びていると，担当保育士のセルフ・エフィカシーもより向上しているといえますし，担当保育士のセルフ・エフィカシーが向上していると，子どもの発達がより伸びているともいえます。この研究ではどちらが原因でどちらがその結果なのか，つまり，子どもの変化と保育士の変化の因果関係がわからないのですが，このような関係性があることがわかりました。

　同様に子どもの行動の改善とその子どもを担当した保育士の状態不安の改善が有意に関係していました。子どもの行動が改善すると，担当した保育士の状態不安も

より改善したといえますし，担当保育士の状態不安が改善することで子どもの行動もより改善したともとらえることができます。いずれにせよ，子どもの変化と保育士の変化は影響しあっており，本プログラムは，それらの変化をもたらすプログラムであることがわかりました。

4) 保育所全体への影響

　指導者研修を受講した保育所長に本プログラム開始当初と 6 か月後に指導状況の報告をしてもらいました。開始当初は，保育所内で担当の保育士から個別に相談を受け指導することが多かったけれども，保育所でのプログラム使用期間が長くなってくると，他の保育士も一緒にいるようなケース会議等の定例会議で指導する場面が増えてきたことがわかりました (6%→26%)。担当保育士だけが本プログラムを活用するのではなく，保育所長が本プログラムを活用した指導を行うことで，保育所全体への本プログラムの浸透が促せることが推測できました。

おわりに

　本プログラムは行動科学が背景にあり認知社会学習理論に基づいていると考えられています。その理論に基づき，子どもと保育士との関係性を深めつつ関わることで，本プログラムを用いた支援は，子どもの発達のみならず，保育士支援にも有効で疾病（障がい）種別に関わらず活用可能であることが示唆されました。

　難しいプログラムではなく，保育指針にある"保育の理念"に立ち戻った支援の重要性を改めて見直したプログラムだからこそ，保育士が保育現場で気軽に導入できるのではないでしょうか。また，日常生活のありふれた行動について，保育士と子どもとの関係性に着目して対応を示している点も取り入れやすいところだと考えられます。

　対象児の詳しい観察，具体的な支援目標の設定，その実行と記録による達成度の評価がプログラムの柱です。これらを通じて，子どもの状態を見極め，よりよい関わりができることはもちろんですが，保育士自身のセルフ・エフィカシーを高めることにもつながっていると考えられます。

　対象数が少ない，対照群がない前後比較の研究デザインであるなど研究の限界がありますが，長年「子どもにも保育士にも効果あり！」と実感されてきたことにはエビデンスがあったことがこの研究を通じてわかりました。

　なお，本研究は平成 25 年度厚生労働科学研究費補助金（地域医療基盤開発推進研究事業）「被災後の子どものこころの支援に関する研究」（代表研究者　五十嵐隆　国立成育医療研究センター総長）の分担研究「被災後の対応を含めた在宅障がい児支援ツールの開発に関する研究」の中で実施しました。

参考文献

- 三宅和夫・監：KIDS（キッズ）乳幼児発達スケール〈タイプT〉．発達科学研究教育センター，1991
- Matsuishi T, et al.：Scale properties of the Japanese version of the Strengths and Difficulties Questionnaire (SDQ)：a study of infant and school children in community samples. Brain Dev 30：410-415, 2008
- 肥田野直，他：新版STAIマニュアル．実務教育出版，2000
- 坂野雄二，他：一般性セルフ・エフィカシー尺度作成の試み．行動療法研究 12：73-82, 1986

Column

ウェブサイト「あい・あい すてっぷ プロジェクト」

　本プログラムの理念を，より多くの関係者に活用していただく目的で，ウェブサイトを開設しています。

　ウェブサイトでは，本プログラムに取り組み始めた方を対象とした「相談コーナー」を設けました。ログイン情報を入力していただいた上で，本誌の著者などプロジェクトメンバーと情報交換や助言を受けることができます。また，本書で例示した個別の対応に加えて，保育園や市全体で本プログラムを活用した実例も紹介しています。

http://aiai-hoiku.com/

　なお，ウェブサイトは，厚生労働科学研究費補助金*で制作され，プロジェクトメンバーの社会貢献活動として運営されています。本書の出版社とは関連ありません。

* 平成26年度厚生労働科学研究費補助金（地域医療基盤開発推進研究事業）「被災後の子どものこころの支援に関する研究（代表研究者 五十嵐隆 国立成育医療研究センター）」の分担研究「被災後の対応を含めた在宅障がい児支援ツールの開発に関する研究（分担研究者 植田紀美子 大阪府立母子保健総合医療センター）

第2章 あい・あい保育向上プログラムの基本知識

A あい・あい保育向上プログラムの3つのステップ

B 個別の対応

C 集団での応用と効果

第2章 あい・あい保育向上プログラムの基本知識

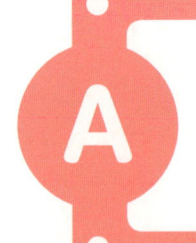

A あい・あい保育向上プログラムの3つのステップ

　本プログラムは大きく2つに分けられますが，1つは個別対応の視点であり，もう1つは集団形成の視点です。前者は，行動を3つのステップ（あるいはレベル）に分けて，やさしい課題から難しい課題へと取り組んでいきます。後者は，子どものよいところをみつける取り組みです。

　3つのステップ（図1）とは，ステップ1「身の回りのこと」，ステップ2「苦手なこと・初めてのこと」，ステップ3「困った行動」を指します。基本的にはステップに沿って取り組んでいきますが，ステップ1「身の回りのこと」から取り組むことが最も基本です。これに取り組んでいく過程で，困った行動が改善したり，問題行動がなくなったりすることもありますが，詳しくは事例をお読みください。また，発達障がいや障がいの疑われる子どもに対して，どのように対応すればよいか戸惑ったとき，身の回りのことから取り組めば子どもに適切に関われると思います。

1　ステップ1：身の回りのことに取り組む

　最初は身の回りのこと，例えば，着脱，食事，身支度，片づけ，手洗いなど，身辺処理に関わる取り組みから始めます。気持ちを切り替える，ルールを守る，友達と仲良く遊ぶ，集団活動に参加するなどは含めません。その理由は，保育所の生活そのものを生かすことにあり，障がいがあるからといって特別なことはしません。身の回りのことは具体性があり，毎日繰り返していることなので，子どもに最もわかりやすく，短い時間で継続して取り組めます。一方，保育士側からすれば視点を固定しやすいといえます。いつも決まった場面や時間で子どもに関わるので，できている部分やできていない部分，あるいは，子どもが頑張っているところや戸惑っているところがわかりやすいと思います。

［ステップ1］身の回りのこと → ［ステップ2］苦手なこと・初めてのこと → ［ステップ3］困った行動

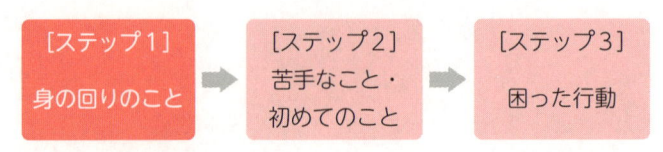

図1　3つのステップ

本プログラムではステップ1を最も大切にしており，子どもが本来もっている力を身の回りのことに取り組んで引き出すことを目的としています。身の回りのことが形としてできるだけでなく，一緒に取り組んでいく過程で保育士と子どもとの関係が深まることがいっそう重要と考えています。関係を深めるには"子どもをほめる"という関わりとワンセットになっていることも申し添えておきます。しかし，実際の保育場面で，身の回りのことはそれほど重きをおかれていないのではないかと思います。あるいは，身の回りのことができたらそれでおしまいになっているように思いますが，ここには人間関係を育む素地があります。今まで述べてきたことから，子どもの問題の有無にかかわらず，ステップ1が基本形になります。

② ステップ2：苦手なこと・初めてのことに取り組む

　ステップ2は，ステップ1とステップ3以外のことがほとんどすべて入ります。ステップ2の目標を立てるとき，戸惑うかもしれませんが，ときどきできる，たまにできるようなことは，ほとんどステップ2に該当すると考えてください。身の回りのことでも，子どもによってはステップ1になることもあれば，ステップ2になることもあります。したがって，ステップ2は，身の回りのことでもかなり多くのことが含まれます。

　ところで，苦手なことや初めてのことは，ステップ1が少なくとも1つ順調に進んでから取り組んだほうがよいと思います。ステップ1を進めていくと，子どもが身の回りのことに意欲的に取り組んだり，保育士に親しみを感じるようになったり，保育士にほめられて期待に沿うような行動が出てくるからです。子どもにそういう準備ができてからステップ2に踏み出すほうが関わりやすいと思います。

　しかし，実際の保育場面では，ステップ2から取り組むことが多いのではないかと思います。これは保育士が"だいたいできる"ことよりも，子どもに"してほしい"ことを目標とするためだと思います。あえて高い目標にしているわけではないと思いますが，子どもの状態にあっていないため，子どもとうまく関われない，思った結果が得られないのだと思います。保育士側のペースで進めすぎるとなかなか目標が達成できません。課題が難しくなった分，援助方法をさらに細かくていねいにする必要があります。

③ ステップ3：困った行動に取り組む

　ステップ3「困った行動」は，いわゆる問題行動です。子どもが困った行動をすると"何とかしないと"，という気持ちになるでしょう。この場合もできるだけス

テップ1が順調に進んでからか，ステップ1と並行して取り組んでください。本プログラムではいきなりステップ3から始めることはしません。順を追って取り組んでいきますが，ステップ2を飛ばすことはあります。順番に取り組むにはいくつか理由があり，ステップ1に取り組んでいくと困った行動が改善されることがあるためです。

　困った行動が生じる背景には，子どもの対人関係や子どもが身近なことを理解できなかったり，求められていることが難しい，といったことがあります。それがわかるのは，具体的な場面での関わりを通してです。誰もが子どもに少しでもよくなってほしい，よくしたいとの思いで注意したり，叱るわけですが，悪循環に陥って結果的に問題が大きくなることもあります。こうなると"どうしたらよいのか？"といった手詰まり感が出てくるでしょう。そこを打開するためにもステップ1から地道に関わっていくことをお勧めします。

B 個別の対応

はじめにクラスの中で対象児を決めます。対象児が決まれば，次のような流れで取り組みます。この流れはステップ1，2のいずれも同様です。プログラムの基本（図1）は次の通りです。

1 行動観察について

対象児の行動を観察して，それに基づいて基本シート1（p.28）（子どもの状態）を作成します。これは子どもの現在の状態を把握するためのものです。家族状況など，すぐにわからない点は，後日，わかった時点で記載します。こうして，まず子どもの全体像を把握していきます。保育環境はクラスの人数や保育士の人数，クラスの雰囲気を記載します。

ところで，行動観察には次の2つが考えられます。
①**客観的な行動観察**，②**関与的な行動観察**

基本シート1への記載は客観的な行動観察で，具体的な保育場面では関与的な行動観察になり，これが観察記録になります。

①**客観的な行動観察**は，少し離れたところから子どもの行動や様子を見ます。一方，②**関与的な行動観察**は，具体的な場面で子どもに関わりながら観察する場合で

行動観察①（客観的）→ 3つの援助の設定 → 関わり（実践）→ 行動観察②（関与的）→ 日々の記録 → 評価

- 援助場面
- 援助目標
- 援助方法

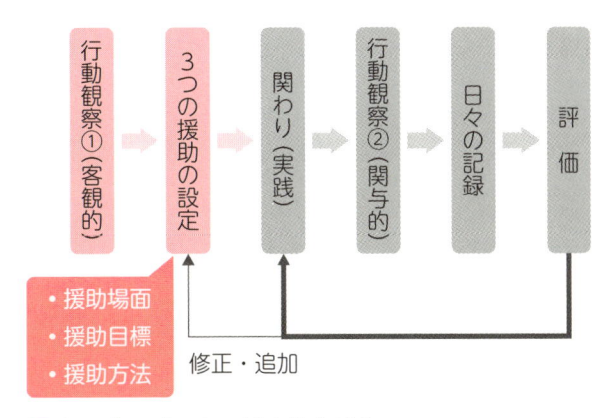

修正・追加

図1 プログラムの基本的な流れ

表1　行動観察のポイント

①子どもはどのように課題に取り組んでいるか
②子どもはどのように課題ができたか
③子どもはどこまで課題がわかっているか，できたか
④子どもは課題でどのようにつまずいたか
⑤子どもはどこで課題につまずいたか
⑥子どもはつまずいたときにどのようにするか
⑦子どもの表情を見る

す。こちらは，ビデオカメラを設置して子どもとのやりとりの様子を追っていくといったイメージになるでしょう。行動観察のポイントは**表1**にあげた7つになります。

　ある場面で，子どもがあることをどのように理解しているか，どの程度できるか，あるいは，できないかをていねいに観察して，子どものわかり方を理解し，子どものでき方を捉えることです。これは1つのアセスメント（査定）になります。

　何といっても事実に基づいて目標を立てることです。これは子どもにとっても，保育士にとっても非常に大切です。そのためにも，子どもをしっかり観察して子どものわかり方を理解する必要があるでしょう。それにより適切な目標が作れ，適切な関わりにつながります。

2　3つの援助について

　ステップ1「身の回りのこと」に取り組むにあたり，まず援助場面を設定します。援助場面が決まれば援助目標を設定し，援助方法を具体的に決めていき，基本シート3（p.32）（視点を定めるための自己点検票）を作成します。

a　援助場面

　援助場面は，〈保育士（私）―子ども（対象児）〉の1対1の場面をまず考えます。対象児に，いつでも，どこでも対応できるわけではないので関わる場面を限定し，特にその場面で毎日ていねいに関わることにします。

　場面を特定化・限定化して，子どもと一緒に身の回りのこと（課題）に取り組みます。保育士は観察する視点を固定することで観察しやすくなり，ここでの観察やりとりを通して，対象児への理解を深めていくことになります。また，子どもへの理解が深まることで，援助が具体化しやすくなり，援助の幅が広がってより適切な関わり方ができるようになります。

図2 3つのステップ

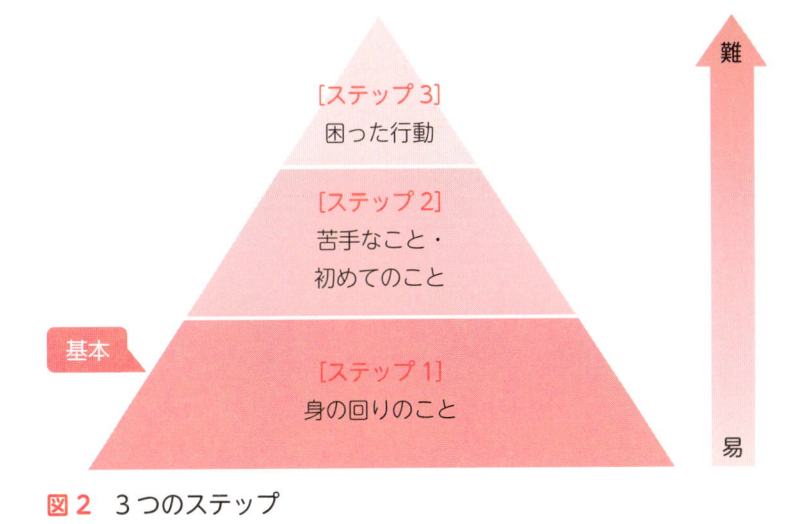

b 援助目標

　援助目標は図2のように3段階に分けて考えると取り組みやすくなります。その1つとして目標を数個あげて，ステップ1～3に整理するとわかりやすくなります。援助目標が決まれば基本シート2 (p.30)を作成します。実際に取り組んで，目標が高いと思えば無理をせず，図1のように，いつでも目標を修正してください。目標は3つの援助の中では最も大切で，目標の適否によっては関わりがうまくいかないこともあります。先ほどは3つのステップといいましたが，これは同時に難易度でもあります。したがって，ステップ1＝レベル1になります。

1) ステップ1

　本プログラムの基本形は，身の回りのことに取り組むことです。身の回りのことは子どもにとって最もわかりやすく，保育士にとっても取り組みやすい課題です。
　目標は子どもがかなりできていることを取り上げるので，保育士も何か特別なことをする必要はなく，子どもに無理をさせることもありません。身近で具体的なことに取り組むので，子どもの変化が捉えやすいこともあります。毎日取り組めて，しかもそれほど時間（3～5分ほど）を必要としません。目標設定の際，小さな目標を立てて取り組み，それができれば，また小さな目標を立てて取り組む，小さなことでも毎日継続して積み重ねると大きな目標につながります。
　ステップ1で大切な点をいくつかあげます。
①原則として，毎日できること：身の回りのことを習得するのはさほど時間を要しない反面，毎日取り組むことが大切です。やったりやらなかったりすると，子どもにわかりにくく，なかなか定着していきません。
②子どもがだいたいできること（75％の原則）：身の回りのことに取り組む場合，

大切な点は子どもがだいたいできることを目標にすることです。これを"75％の原則"とよんでおきます。ほめるための目標と考えてください。やってほしいことやできないことを頑張らせるようなことはせず，うまくいかないときは，目標が高いかもしれないと思って点検してください。

③具体的な目標にすること：目に見えることにしてください。目に見えないことは難しく，子どもに抽象的な目標はわかりません。子どもにとって身近な目標から始めますが，挨拶など，社会性やマナーを求めることはしません。これらは意味づけられたことが多いので，子どもにはわかりにくい課題になります。

④具体的な物を扱ったり，設備を使うこと：人は表情や態度が変わり，子どもにわかりにくいですが，物や設備は基本的に変わりません。例えば，靴や鞄，タオルやナフキン，スプーンや箸など。もし変化があるとすれば，気分のムラや注意がそれるなど，子どもの側の要因が大きいでしょう。

⑤1～2か月程度でできること：長い期間かかると，子どもにわかりにくく，頑張れなくなります。そのため短い期間でできることを探します。また，小さな目標を設定すると保育士にもわかりやすく，子どもの変化が捉えやすくなります。小さな目標を1つ1つ楽しくクリアしていきましょう。

⑥援助場面で多くを求めないこと：目標を決めても具体的場面になると，あれもこれもとつい複数のことを求めてしまいがちです。子どもにとって，一度に複数のことを処理するのは難しいと考えてください。1つの場面では1つの目標とし，いくつものことを同時に求めないことです。

⑦自分の目標（課題）と子どもの目標（課題）を区別する：保育士が子どもに対して多かれ少なかれもっている思いや願い，期待，思い込みなどで目標を作らないことです。自分の思いや願い，期待をもちながらも主観的にならず，あくまでも子どもをよく見て，子どもの状態にあわせて目標を作ってください。

　また，ステップ1の目標として，案外，難しいと思われるものに，「スプーン（箸）を使って食べる」「食器を持って食べる」などがあります。これらは具体的な物を扱っていますが，"子どもがだいたいできる"にあたらない場合があります。そのため，例えば，持つことを繰り返し促すので，子どもが嫌になってうまくいかないことがあります。うまくいかない場合，保育士がしてほしいことの可能性があり，その場合はステップ2になります。このようにステップ1とステップ2の区別が難しいことがあります。

　ここで目標を作るときのコツを述べます。目標を作るとき，まとまりのある行動を整理することです。そうすることにより，目標が作りやすいと思います。具体例をあげて考えてみます。

- 手を洗う：①蛇口をひねる→②手を濡らす→③石けん（水）をつける→④手を洗う→⑤手の甲も洗う→⑥石けんをきれいに洗い落とす→⑦蛇口を止める→⑧

表2 難しい援助目標
①口の中にいっぱい詰め込まず，よく噛んで食べる
②保育士と向かいあい，視線をあわせて挨拶をする
③友達と一緒に集団活動に参加して楽しむ

表3 わかりにくい援助目標
①身の回りのことを自分でやろうとする
②安心できる人間関係の中で次の行動を知る
③本児にできないことを保育士にやってもらい，保育士が思いを受け止めてくれる人だとわかる

手を拭く

　手を洗う場面をいくつかのまとまりある行動とつながりに整理しました。対象児はすべての工程を目標にすることは無理なことがあるので，今の目標をどの程度にするかを選択しなければなりません。それ以外の箇所は保育士が手伝ったり，保育士がすることになります。1つの目標がだいたいできれば，また次の小さな目標へとステップアップさせていきます。こうして全工程を子ども本人に任せていきます。ただし，気分のムラや注意のそれやすさがあるので，実際の場面では，このようなことも考慮して関わらなければなりません。

　表2に難しい援助目標を，表3にわかりにくい援助目標をいくつか取り上げます。
　いずれの目標にも難しさやわかりにくさがあり，子どもの目標なのか，自分の目標なのか，不明瞭なところがあるため，目標は具体的な行動に絞る必要があります。目標を立てる場合，しばしば目標の高いこと，目標の多いことがうまく関われない原因になります。これを防ぐには，ていねいに観察して子どものわかり方を把握することと，身の回りのこと（ステップ1）であること，保育士の思いや期待，願いをもちながらも，これらを目標にしないことが大切です。

2）ステップ2

　苦手なこと・初めてのことは，ステップ1の身の回りのこととステップ3の困った行動以外のことになります。ステップ1やステップ3に比べると，ここに入ることはかなり幅が広くなります。保育士が子どもにしてほしいと思っていることの多くは，実は，この中に含まれると思います。ステップ1が少なくとも見守りの段階になれば，ステップ2に進んでもよいでしょう。でも無理をせず，ステップ1で別の課題に取り組んでもかまいません。ステップ2からいきなりスタートするのは避けて，ステップ1からスタートしてください。ステップ1には，子どものわかり方を理解するという基本的なことが含まれており，また子どもとの関係がよい方向に向かっているであろうことから，ステップ1を実施するとステップ2に取り組みやすくなります。

3）ステップ3

　これは困った行動で，いわゆる問題行動です。こちらも〈ステップ1→ステップ2→ステップ3〉と進みますが，〈ステップ1→ステップ3〉という場合もあり得ます。困った行動はどうしても目につき，"何とかしたい"という思いにかられ，でも"どうしたらよいのかわからない"と戸惑うことが多いと思います。そのため，困った行動への対処の仕方を求めることになりますが，その分，身の回りのことは軽視されるのではないでしょうか。

　ステップ1に取り組んでいる間はとりあえず何らかの対処をせざるを得ないでしょう。後述の事例のように，ステップ1に取り組んでいると困った行動が減ったり，なくなることがあります。それには身の回りのことを自分でできるようになってきたことと，保育士との関係がよくなってきたことが深く関係しています。こうして，適切な行動を少しずつ増やしていきます。焦って取り組まず，小さな目標を立てて1つ1つハードルを越えていくことが大切です。

　ステップ3に取り組むときも少なくともステップ1と組み合わせて取り組んでください。それだけステップ1は重要で，子どもはわかっているようで，実はわかっていないことが決して少なくなく，行動の流れがぶつぶつに切れやすいこともあります。

　ステップ3の援助目標や援助方法のコツとしては，①目標は「～しない」という否定形でなく，「～する」という肯定形にします。②目標は，代わりにとってほしい行動に置き換えます。③援助方法は常に具体的にします。この3点が大切です。

　目標の設定にあたり，ステップ1～3の3つのステップを順番に取り組んでいくことが有効なことが経験的にわかってきました。

　しかしながら，ただ1つ問題なのは目標を設定すると，保育士がそれにとらわれて，子どもを頑張らせることが出てくることです。目標設定のポイントは，目標を決して高くしないことで，取り組んでいく過程にこそ，深い意味があると思ってください。繰り返しになりますが，目標は子どもをほめるためのものと考えてください。

C 援助方法

　援助方法も目標と同様，具体的に考えてください。それには基本シート4(p.34)(自己点検票)が役立つでしょう。ここで自分自身に明確にしていく作業を行います。自分でイメージアップする，といってもよいかもしれません。援助方法の基本は何よりも，どのように関わると子どもがうまく取り組めるようになるか，うまくできるようになるか，です。まずステップ1「身の回りのこと」を中心に考えてみます。

1) 援助の順序

こちらも大きく2つの方法が考えられます。
①始めから終わりに向けて順番に取り組む（順向法）
②終わりから始めに向かって逆に取り組む（逆向法）

一般的には，①始めから終わりに向けて順番に取り組む（これを順向法とよびます）ことが多いと思いますが，この場合，子どもは自分でできたという感じがもちにくくなります。②終わりから始めに向かって逆に取り組むのは（こちらを逆向法とよびます），最後のほうから少しずつ子どもに任せることができるので，子どもには最後のできた部分がわかりやすく，保育士にすぐほめられるという利点があります。

これを登所後の身支度を例にして考えてみます。行動の流れを整理してみると次のようになるでしょう。

①靴を脱いで上靴に履き替える→②帽子を掛ける→③水筒をしまう→④お便り帳を出す→⑤コップとタオルを掛ける→⑥鞄をロッカーにしまう

以上，6つの段階を想定してみました。

順向法は，①から⑥に向けて順番に取り組むことになりますが，逆向法の場合，最後から子どもと一緒に取り組んでいくことになります。例えば，⑤→⑥だけといった具合です。そこまでは保育士がしているところを子どもに見せることになります。最初の目標がクリアできれば，次第に，子どもに任せていく部分を増やします。知的障がいが重くなると後者の方法が効果的です。

2) 援助のための関わり方について

本プログラムでは，〈保育士―子ども〉の関係（性）を非常に重視します。保育士が自らの力量を高めるには，どうしてもこの2者関係が欠かせず，子どもにとっても，対人関係を学ぶのに2者関係からスタートするのがきわめて重要です。こうして毎日こつこつ援助していくと両者の関係が深まっていきます。

❶具体的な関わり方

関わり方の基本として，次の5つの段階が考えられますが，これは同時に関与的な行動観察の視点にもなります。

第1段階　保育士が子どもに確認して，子どもに代わって取り組む
第2段階　保育士が子どもと一緒に取り組む
第3段階　保育士が見本やモデルを示す
第4段階　保育士が言葉をかける，声かけをする
第5段階　保育士はそばにいて子どもの動きや様子を見守る

以下，この5つの段階について説明します。

第1段階：保育士が子どもに確認して，子どもに代わって取り組む

実際の保育場面では，子どもの体調や状態によっては，次の第2段階でも対応

できないことがあります。運動会や発表会のような行事やその練習はとても苦手で，このようなときは子ども本人に今日はできるかどうか確認して，保育士が対応しなければならないときもあります。また，その日によって気分のムラや波のあることが少なくありません。調子が悪いときは無理せず，子どもに確認したうえで子どもに代わって対応してください。

第 2 段階：保育士と子どもが一緒に取り組む

これは最も基本的な対応だと考えています。子どもがだいたいできていることを目標にしながらも，実際には，声をかけるだけでは不十分で一緒に取り組むことが望ましいと思います。保育士が子どもと一緒に取り組むと，子どもは今，取り組んでいることがより理解できるようになります。保育士にとっても子どものわかり方や，子どもがどの程度わかっているのかが理解しやすくなります。また，子どもは先生と一緒にすることをとても楽しみにします。この楽しさゆえに人間関係がよくなり，身の回りのことも身についていきます。

第 3 段階：保育士が見本やモデルを示す

一緒に取り組む段階を経て，見本を示してやり方を伝えます。これは相手のしていることに関心や興味を示す段階で，まねるようになると有効に使えます。それまではきっと第 2 段階の対応が中心になるでしょう。

第 4 段階：保育士が言葉をかける，声かけをする

保育士の多くはこの段階から取り組むのではないでしょうか？そこには子どもが言葉を理解して行動できるという暗黙の了解があるように思います。しかし，身の回りのことに取り組んでいくと，保育士が思っているほど，子どもがわかっていないことはまれではありません。言葉の意味が理解できているのかどうか確認するとともに，この段階は注意や叱責にならないことが大切です。

第 5 段階：保育士はそばにいて子どもの動きや様子を見守る

子どもは継続して関わってくれる保育士を求めてきます。それに応じることで，身の回りのことを定着させていきます。定着してきたら少しずつ子どもに任せて，子どもとの距離をとっていきます。このときも保育士がどこにいるか，見守っていること，応援していることを伝えておくことが大切です。子どもにしてみれば保育士のほめ言葉や励ましがあっての取り組みです。

具体的な関わり方としては第 2 段階が大切です。言葉が話せると第 4 段階の声かけが中心になりますが，言葉が十分理解できないこと，部分的にはできても注意がそれてしまって流れとしてできないことは決して珍しくありません。声かけだけではやり方が雑になったり，定着せずに終わったりすることもあります。したがって，だいたいできているとはいえ，実のところ，保育士と一緒に取り組むことが望まれます。また，やりとりしながら一緒に取り組んでいくと，それだけ人間関係が密になっていきます。人間関係の希薄な"事柄としての身の回りのこと"に堕してしまいやすいので，十分注意する必要があります。

表4　ほめ方のコツ

①短い言葉で，具体的にほめる
②完結・完成していなくてもほめる。途中でもほめる（25％でほめる）
③近くでほめる，近寄ってほめる
④笑顔でほめる
⑤名前（通称，愛称）をいってほめる

表5　5段階のほめ方

第1段階	保育士が対象児を具体的にほめる（1対1の場面）
第2段階	他の保育士（所長・主任などを含める）にほめてもらう
第3段階	友達の前で対象児をほめる
第4段階	友達に対象児をほめてもらう
第5段階	子どもの宝探しをする

　今一つ注意する点は，子どもは安定して物事に取り組めないことです。例えば，暑さや寒さに弱く，保育室でゴロゴロして，なかなか動き出せない，落ち着かずイライラするなど，これらの場合，いつもの関わり方では子どもに適切に対応できません。基本的な関わり方として，5段階に整理できますが，実際には，第1段階で対応せざるを得ないこともしばしばあります。保育の現場では，このような段階をうまく使い分けることが求められるでしょう。

❷**肯定的な関わりや働きかけをする**

　具体的な場面で関わるにあたり，大切な点は，子どもに対して肯定的な働きかけをすることです（例：ほめる，励ます，感謝する，認める，受け入れる，など）。うまくできないことを注意されたり，叱られると，その行動が身につかないだけでなく，他の場面でも子どもが反発したり，拒否することが出てきます。

　困った行動の多い子どもは，叱られることは多くてもほめられることは少ないと思います。ステップ1のように身の回りのことを課題にすると，無理なくほめることができるでしょう。**表4**に1対1でのほめ方を示します。これは個別的に関わったときのほめ方ですが，次に，個別対応から集団へ参加する基礎を作るためには**表5**のようなほめ方があります。

　本プログラムでは〈保育士—子ども〉の関係を非常に重視しますから，**表5**の第1段階はステップ1での関わりと密接に関係します。当初は，援助場面で保育士が子どもをほめますからやや一方的な感じになるかもしれませんが，子どももほめられたことがわかってくるとそれに反応するようになります。子どもがほめられていろいろ反応が出てくれば，第2段階に入っていけるでしょう。これは個人差があり，子どもによってはほめて反応が出るのに数か月を要することもありますが，焦らずに取り組んでください。

　第2段階に入れば，所長を含めて他の保育士の協力を求めてほめてもらうように配慮します。目標を中心にどんな小さなことでも，たくさんの人にほめてもらうことで，子どもはその行動や活動に意欲的になります。子どもによってはできたことを伝えたくて保育士のもとに来ることもあります。

　第3段階は，保育士が友達の前でほめます。この場合，友達は1人でも複数で

もよく，とにかく友達の前で対象児がうまくできたことや，頑張ったことを具体的にほめてください。このことは単に対象児をほめるだけでなく，対象児と友達との関係にもつながっていきます。また，クラスの子ども達も保育士が対象児にどのように関わっているかを見ていますから，"こうすれば自分もほめてもらえる""○○ちゃんにはこうすればいいんだ"ということが自然にわかり，他の子ども達が頑張ったり，協力してくれることも出てきます。でも第4段階の前に，普段からクラスの友達を何らかの形でほめてください。これは対象児が友達にほめてもらうための伏線になります。

第4段階では，友達にほめてもらうように頼みます。保育士にほめられるのはうれしいことですが，友達にほめてもらうことはもっとうれしいようです。そうすると，友達に関心が出てきたり，友達との関係がよくなって特定の友達と遊べるようになったり，集団の中に入っていく準備ができてきます。しかし，保育士との関係が切れたわけではなく背後でつながっており，それがあるからこそ友達との関係につながったと理解してください。そして，困ったときはいつでも援助を求められるので安心して保育士から離れていけると思います。ほめることが単に〈保育士―子ども〉の関係にとどまらず，〈対象児―他の子ども〉の関係や〈個別の対応→集団への参加〉と広がっていきます。

今までの実践報告をもとに第1～4段階に整理しました。第4段階にまで達するには保育士の関わりだけでなく，子どもがもっている力にもよります。また各段階に明確な区切りはないので，子どもをほめて反応があれば段階の重なることも出てくるでしょう。ここで配慮していただきたい点は，周りの子ども達も普段からほめることです。保育士にほめられて初めて他の子どもをほめることができるようになります。このようなことを念頭に置いて，年度当初に1年間の計画を立てて保育をデザインしてください。

第5段階は「子どもの宝探し」として，後で述べますが，障がいがあろうとなかろうと，それぞれの子どもには"宝（よいところ）"があることを前提として，友達のよいところを見つけて友達と友達を改めて結びつけ，新たな集団を作ることを考えています。

3　記録する

3つの援助が決まれば，日々の記録を基本シート4（観察記録）に記入します。記録は毎日10分程度を目安とし，原則として，〈子どもの行動→保育士の援助→子どもの行動→保育士の援助……〉と交互にやりとりしている様子を書いていきます。記入の仕方は記入例(p.35)を参考にしてください。

実際には，保育士の関わりを抜いて「今日は……をしていた」など，子どもの動

きや様子だけを書いた記録が多いと思います。これでは自分との関係の中で子どもがどのように変化したかが捉えられないので，できるだけ子どもとのやりとりを書いてください。

　また記録を残すことは，①子どもの変化，②〈私―子ども〉の関係の変化，③〈私―子ども〉の関わり方のフィードバックやモニター，④私の見方の変化，⑤観察力の向上，⑥本プログラムの定着など，が期待できます。

　記録用紙の使い方は，援助場面・援助目標を2個以上にした場合（最大で3個）でも，記録は1枚に書いてください。これを2枚にすると子どもとのやりとりを比較しにくく煩雑になるため，1枚にまとめるほうがよいと思います。備考欄の使い方は様々で，例えば，保育所の行事，保育士の思い，保護者との関わり，などに使われています。

　基本シート1〜5，および記入例は次頁以降も参照ください。

基本シート1（子どもの状態）

子どもの状態

氏名：　　　　　　年齢：○歳○か月　　　　　　記入日：平成○年○月○日

発達程度	運動	
	食事	
	排泄	
	着脱	
	言語	
	対人集団	
	描画製作	
好きな遊び		
安心できる場所		
性格・行動特徴		
保育環境		
身につけてほしい行動		
困った行動		
障がい名		
健診，相談・関係機関など		
療育手帳，発達検査の結果		
家族状況		
備　考		

［記入例］年長男児

子どもの状態

氏名：　　　　　　　年齢：○歳○か月　　　　　　　記入日：平成○年○月○日

発達程度	運動	固定遊具が好きで誘うと興味を示してやってみようとするが，トンネル滑り台はひどく怖がった。運動神経はよく，負けず嫌いである。
	食事	箸も上手に使える。偏食はないが苦手な物はなかなか進まない。量を加減したり，保育士が励ますと食べられる。姿勢が悪くて崩れやすく，食べ物で遊んでしまうときもある。
	排泄	排尿，排便ともに自立している。スリッパは脱ぎっぱなしのときもあるが，几帳面に並べたり，友達の脱いだ物が気になって並べるときもある。
	着脱	左右，裏表がわかって着る。わからないときは保育士に聞きに来たり，うまく脱げないときは「やって」といいに来る。声をかけると衣服をたたむ。
	言語	保育士とは話ができ，自分の気持ちを言葉で表現できる。友達にはうまく伝わらないときもあり，保育士が仲介に入ることがしばしばある。
	対人集団	クラス全体の話し合いではその場に座って聞いている。気に入らないことや思い通りにならないことがあると，大きな声で泣いたり，友達に手が出てしまうことも多い。
	描画製作	絵を描くことや作ることは大好きで，長い時間でも黙々と取り組んでいる。文字に興味があり，読んだり，書いたりできる。電車が好きで楽しそうに描いている。
好きな遊び		泥んこ遊び，ブランコ，リズム遊び，ドミノ，こま回し，粘土など。
安心できる場所		保育室，クラス内の押入れ，自分のロッカーの前，仲良しの友達のそば。
性格・行動特徴		落ち着きがなくじっとしていられない。危険を伴うことの判断ができない。気分のムラが激しい。明るくて人懐っこく，初めて会う人にも話しかけていく。
保育環境		年長34名（男23名・女11名），そのうち障がい児5名（本児を含む）。クラス担任と加配保育士2名で保育している。
身につけてほしい行動		登所後や自由遊びの後，給食の食器の片づけなど，身の回りの始末を自分からできるようになってほしい。
困った行動		①友達が嫌がっていることに気づかず，その行動をやめられない，②保育士から声をかけられるまで気ままに好きなことを楽しんで，身の回りの始末ができない。
障がい名		自閉症スペクトラム障がい。
健診，相談・関係機関など		1歳6か月健診で，言葉が遅いことと目をあわさないことを指摘された。2歳から半年間，ひよこ教室に通った。
療育手帳，発達検査の結果		なし
家族状況		両親，兄（小3），本児の4人家族
備考		特になし

第2章 あい・あい保育向上プログラムの基本知識

基本シート2（3つの援助）

3つの援助について

氏名：　　　　　　　年齢：○歳○か月　　　　　　　記入日：平成○年○月○日

援　助	内　容
援助場面	
援助目標	
援助方法	

〈注意〉
①援助場面を限定して，1対1の場面を作る。
②ステップ1の援助目標は行動であること。
③また目標は75％くらいできること，だいたいはできること。ほめるための目標にする。
④援助方法も具体的に書くこと。

[記入例] 年少女児

3つの援助について

氏名：　　　　　　　年齢：○歳○か月　　　　　　　記入日：平成○年○月○日

援　助	内　容
援助場面	（おやつ時の）手洗い後の片づけ
援助目標	お手拭きタオルをタオル掛けから外して，机の上でたたんで鞄に入れる
援助方法	①「るみちゃん，タオルをたたもうね」と呼びかける。 ②本児の前でタオルをたたんで見せる。 ③本児が気づいていないときは，「みんな，タオルしまったかな？」と，本児の近くでクラス全体に向けて声をかける。 ④「るみちゃん，見て。さほちゃん，タオルきれいにたためるね」と友達ほめて，友達がたたんでいる様子に注意を促す。 ⑤保育士がタオルを半分に折って，「次，るみちゃん，半分こにしてね」と，声をかける。 ⑥タオルを半分にたたんだとき，それを鞄に入れたとき，前者は「上手にたためたね」「頑張ってたためたね」，後者は「ちゃんとしまえたね。おりこうさんだね」「きれいに入ったね。ママ喜ぶよ」など，1つ1つほめる。

〈注意〉
①援助場面を限定して，1対1の場面を作る。
②ステップ1の援助目標は行動であること。
③また目標は75％くらいできること，だいたいはできること。ほめるための目標にする。
④援助方法も具体的に書くこと。

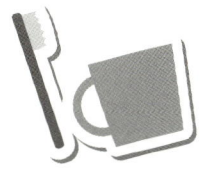

2-B 個別の対応

基本シート 3（視点を定めるための自己点検票）

視点を定めるための自己点検票

氏名：　　　　　　　　　年齢：〇歳〇か月　　　　　　　　　記入日：平成〇年〇月〇日

設問1　あなたはどのようなことを援助目標にしましたか。

設問2　子どものどのような行動から，そのような援助目標を定めましたか。

設問3　あなたがそのような目標を設定したのは，子どもの保育にとって何が大切だと考えるからですか。

設問4　援助方法を決めるにあたり，現在の子どもは，どのような発達状態だと考えたのですか。

設問5　どのような行動から，子どもの発達状態をそのように理解したのですか。

設問6　子どものとる行動を想定し，あなたの援助を具体的にイメージしてください。

[記入例] 年中男児

視点を定めるための自己点検票

氏名：　　　　　　　　　年齢：○歳○か月　　　　　　　　記入日：平成○年○月○日

設問1　あなたはどのようなことを援助目標にしましたか。

- 石けんで手を洗い，タオルで拭く。

設問2　子どものどのような行動から，そのような援助目標を定めましたか。

- 毎日，手洗いしており，だいたいできるが，雑にすませているから。

設問3　あなたがそのような目標を設定したのは，子どもの保育にとって何が大切だと考えるからですか。

- 1つのことにていねいに取り組み，それを認められると，その他のことにも自分からていねいに取り組めるようになるのではないかと考えるから。

設問4　援助方法を決めるにあたり，現在の子どもは，どのような発達状態だと考えたのですか。

①手洗いのやり方や手順は理解してやっている。
②保育士にほめられることを期待している。

設問5　どのような行動から，子どもの発達状態をそのように理解したのですか。

①クラスの友達と一緒に，毎日，同じ手順で手洗いをしている。
②遊びの中でできたことを保育士にうれしそうに報告に来る。

設問6　子どものとる行動を想定し，あなたの援助を具体的にイメージしてください。

①「さと君の隣に先生も入れてね」と声をかけ，「指の間はきれいになったかな？」など，言葉をかけながら同じ手順で手洗いをする。
②タオルで拭いたら，「先生の手はきれいになった？」と見せて，その後，「さと君はどうかな？」と保育士が手を見たり，匂いをかいで，きれいになったことを確認しあう。
③「さと君の手，ピカピカだね」といってほめる。

基本シート4（観察記録）

観察記録

氏名：　　　　　　　　　　　　　　No ○

援助場面		備　考
援助目標		
援助方法		
○月　日 (月)	（評価　）	
○月　日 (火)	（評価　）	
○月　日 (水)	（評価　）	
○月　日 (木)	（評価　）	
○月　日 (金)	（評価　）	
まとめ		

[記入例] 年少女児

観察記録

氏名：　　　　　　　　　　　　　　　　No ○

援助場面	降所準備の場面	備　考
援助目標	スモックのボタンを全部はめる。	
援助方法	①ボタンはめの様子を見守る。②できないときはボタンの穴を広げてボタンを通しやすくする。③自分でできたときはハイタッチしたり，大いにほめる。	
○月1日（月）	（評価C）　スモックを裏表反対に着ていたので，「裏になっているから直そうね」と声をかけると，「まおちゃんがやった！」といって，なかなか直そうとしない。「まおちゃんがやったんだ。えらかったね」とほめてから，「でも，ボタンはめられないから直そうね」と声をかけて保育士が直しても今度は反発しなかった。自分でボタンをはめていき，2番目，3番目，そして最後に1番目もすぐはめることができ，「できたー！」とうれしそうにいった。保育士も「できたね。やったね！」とほめて，ハイタッチをする。	先週から自分でやろうとする意欲が出てきた。できるだけその気持ちを尊重していきたい。
○月2日（火）	（評価A）　みんなが支度をしているので，本児もスモックを着始める。昨日のことがあるので，スモックの裏表をしっかり知らせてから着るように声をかけた。保育士が少しスモックを直そうとすると，「自分でやるー！」といって1歩下がってボタンをはめ始めた。ボタンはめにあまり時間がかからなくなり，全部はめられるようになった。保育士が「できたね」とうれしそうにいうと，「うん」とニコニコした表情で返事をした。	ボタンはめに自信をもち始めたので，手伝ってもらうことを嫌がるようになってきた。
○月3日（水）	（評価A）　スモックのボタンをはめようとしたときに栄養士さんが通りかかり，本児に声をかけてくれた。「まおちゃん，自分でスモック着られるの？えらいね」。そこで保育士が「まおちゃん，自分で着られるんだよね。見せてあげて」と誘いかけると，栄養士さんも「おばさんも見たいな。頑張れ！」といってくれた。本児もうれしそうに栄養士さんのほうを向いてボタンをはめ始めた。2番目，3番目はすぐできたが，1番上はなかなかできなかったが腹も立てず頑張っていた。栄養士さんも笑顔でじっと見ていてくれたので，本児も安心してできたようだ。ボタンをはめると，「やったー！」と，いつもよりうれしそうに栄養士さんにいい，栄養士さんにも「上手にはめたね，えらかったね」とほめられて満足そうであった。	担当保育士以外の人から初めてほめられ，本児はいつも以上に喜んでいた。
○月4日（木）	（評価D）　2番目と3番目のボタンはすぐはめられたが，1番上がなかなかはめられず，「あれー？」といって怒り始め，力任せに引っ張ろうとする。"今日はあまり根気がないなあ"と思い，「ボタンをよく見てごらん」といってボタンをスモックの穴に半分ほど入れる。「ここを引っ張るんだよ」と声をかけ，ボタンがはずれないように裏から押さえて引っ張りやすくする。「うーん，うーん」と声を出しながら，まだ力任せに引っ張っていたがするっとはまると，「やったー！」とうれしそうに保育士を見た。「できたね。頑張ったね！」とほめると，うれしそうな笑顔を向けてハイタッチをした。	今日はいつもの粘りが見られず，力任せになっている。
○月5日（金）	（評価B）　「きみ先生，スモック着るよ」と本児から声がかかり，"えっ!?やる気満々だなあ"と思いながらスモックを羽織る手伝いをする。今日は珍しく1番上のボタンから始めた。"自信がついてきたのかな？"と思って見守っていると，するっとはめ，2番目のボタンに取りかかった（ボタンの穴がずれていたのでさりげなく直す）。2番目と3番目もすぐはめることができ，去年担当した先生がこちらにくるのを見て，「たえこ先生，ボタンできたよー！」とうれしそうに声をかけていた。	健診のため給食後降所。廊下で1人頑張ってスモックを着ている。
まとめ	先週に比べて，今週はやや頑張りが足りなかったように思うが，先週ができすぎだったのかもしれない。他の保育士や栄養士さんにほめられる機会があり，ほめられることにより本児も自信がついて意欲的にボタンをはめるようになってきた。他の職員や友達からほめられると，本児の自信や意欲につながっていくことがよくわかった。	

（注）評価は ABCDE の5段階です。

基本シート5（困った行動の対応方法発見シート）

困った行動への対応方法発見シート

氏名：　　　　　　　　　年齢：○歳○か月　　　　　　　　　記入日：平成○年○月○日

1　困った行動はどのような行動ですか。それはいつ頃から始まり，どのくらいの頻度で起こりますか。

2　困った行動に関連があると思われる状況や事柄は何ですか。

3　通常はどのように対応していますか。

4　子どもの詳しい観察をしてわかったことは何ですか。

5　子どもから見て，なぜそのような行動をとったと思いますか。

6　緊急対応として，どのような対応が望ましいと思いますか。

7　根本的な解決を得るためには，どのような対応を続けることが必要だと思いますか。

[記入例] 年中男児

困った行動への対応方法発見シート

氏名：　　　　　　　　年齢：〇歳〇か月　　　　　　　　記入日：平成〇年〇月〇日

1　困った行動はどのような行動ですか。それはいつ頃から始まり，どのくらいの頻度で起こりますか。

入所当初から，気に入らないことがあると保育士や友達に対して，1日数回は必ず大声で暴言を吐く（例：いやだ，バカ，嫌いだ，うるさい，やかましい，あっち行け，など）。

2　困った行動に関連があると思われる状況や事柄は何ですか。

①自分のやりたいことができず，思い通りにならないときが一番多い。②順番が待てず，このときにも出る。③自分はまだやりたいのにそれをやめないといけない，活動の切り替えのとき。④友達に何かいわれたり，負けて悔しかったときなどにも暴言が出る。

3　通常はどのように対応していますか。

①本児の気持ちを代弁し受け止めるようにしている。②友達とのトラブルの場合，相手の気持ちも伝える。③本児に落ち度があれば保育士と一緒に相手に謝る。④気持ちが落ち着いてから話を聞いたり，いけなかった理由を話す。⑤どのように話すとよいかを教える。

4　子どもの詳しい観察をしてわかったことは何ですか。

①カッとなって自分の気持ちを整理できず，どうしてよいかわからないとき，周りの友達のせいにする。②好きなことをやめた後や友達とうまくいかないときに暴言を吐くことが多い。③自分のいい分が聞いてもらえなかったり，友達に反発されたり，抵抗されると暴言を吐く。④どのような言葉を使って友達に伝えるとよいのかわからない。

5　子どもから見て，なぜそのような行動をとったと思いますか。

①自分の思い通りにならずイライラしてしまう。②感じたままや思ったままのことを言葉に出す。③やりたいことを阻止されたから。

6　緊急対応として，どのような対応が望ましいと思いますか。

①暴言を吐く前に，保育士がその徴候に気づいて，気持ちが切り替えられるように関わる。②暴言を吐きそうなとき，職員室に誘ったり，お手伝いをお願いする。

7　根本的な解決を得るためには，どのような対応を続けることが必要だと思いますか。

①暴言以外の伝え方や解決の仕方を教える。例えば，その場から離れる，職員室に行って落ち着く，深呼吸するなど。②自分の思うようにいかないときや友達とトラブルになったときなど，腹が立ったら保育士に伝える。③言葉遣いなど，友達との関わり方を知らせていく。

2-B　個別の対応

4 評価する

　目標に沿った形で，その日の記録を3〜5段階，例えば数字（1〜5），アルファベット（A〜E），記号（☆◎○□△）などで簡単に評価します。評価基準に明確な客観的指標はありませんから自分の主観的な判断になります。したがって，だいたいどの程度がその段階かをご自身で決めてください。評価を簡単にすませるのは，3つの援助，特に援助目標や援助方法は設定する際に熟慮していますから詳しく評価する必要はありません。基本シート4（記入例；p.35）にも示したように，評価はできるだけ記録の冒頭に記載するのがよいでしょう。

a 困った行動について

　ここで改めて，困った行動について触れます。困った行動とは，担当保育士が困っている行動で，子ども自身が困ることはほとんどなく，何らかの形で現れていることが多いと思います。これは2週間程度，通常より詳しい観察をして，因果関係や問題点を浮き彫りにします。観察のポイントは，どういう時間帯に多いか，場面（状況），回数，頻度，強さ，関わりなどです。

　観察記録は基本シート4を使いますが，ステップ1と同じシートに書かず，こちらは別のシートをもう1枚準備してください。困った行動は毎日起きるとは限らないことと，詳しく記載する必要があるからです。また，基本シート5（p.36）（困った行動の対応発見シート）も作成し，困った行動の傾向を把握して対応を考えていきます。記入例を参考にしてください．

　ここで困った行動を整理すると，次の3つに大別されます。

　　①物との関係，②人との関係，③その他

　①物との関係は，物を粗雑に扱う，物を壊す，物を投げる，などです。純粋に物との関係だけで生じることは少ないと思いますが，今までの実践から，①は知的障がいの重い子どもに多いことがわかります。この場合は，ステップ1で取り上げた目標を通して，対応可能なことも少なくありません。

　②人との関係は，友達を叩く，噛む，蹴る，唾を吐く，ちょっかいを出すなど，対人関係上の問題です。自分の思うようにいかないので友達を傷つけたり，友達の言葉や行為を誤解したり，友達に注意されて興奮するなども見られます。また逆に，遊びの広がりや友達への関心が高まってくると，問題の生じてくることがあります。①の問題に比べると，子どもの発達レベルはあがっていますが，他の子どもを巻き込むので，こちらの問題のほうが手を焼くでしょう。

　③その他は，自傷行為や自慰行為など，①に近い発達レベルと，②に近い発達レベルとに分かれる場合もありますが，ここでは分類を複雑にしないため，③として

1つにまとめておきます。

　困った行動の現象は同じでも，その背景や原因は様々ですから，具体的な場面では対応が異なってくると思います。したがって，ここでの対応は参考としてください。これについても整理すると，大別して2つの対応が考えられます。
　①直接的な対応，②間接的な対応
　前者は対症療法的で，後者は発達的に身につけることをねらいにしています。しかし，直接的な対応をすればすぐ問題が解決するわけではありません。また間接的な対応はすぐに結果が出ません。したがって，間接的な対応は困った行動を改善したり，解決する土台作りで，身の回りのことに取り組むこともこの間接的な対応に含まれると考えてください。いずれも大切ですが，人と人との間で取り組むため，即効性の点では弱く，時間のかかることを覚悟して取り組む必要があります。

b 直接的な対応

1) 管理的な対応

　困った行動としては物を壊す，物を投げることが主になります。例えば物に触らないように片づけたり，別の場所に保管したり，鍵をかけて物理的にできないようにします。関わり方だけではどうしようもないこともあるので管理的な対応も考えてください。特に知的障がいの重い子どもの場合，言葉が十分理解できないので，言葉で伝えてもわからないことが多く，この対応は有効です。

2) その場から引き離す

　友達に危害を加えたり，興奮して物を投げたり，壊した場合，いったん，その場から引き離して落ち着くのを待ってから対応を考えます（クールダウンということもあります）。またタイムアウトといって，調子が悪くなりそうなとき，刺激の少ない静かな場所に移動して落ち着くのを待つこともあります。
　子どもが落ち着いてから話をし，なぜそのようなことをしたのか理由を聞いたり，してはいけないこと，どうするとよいのかを伝えます。このときも普段から子どもをほめていると，注意や指示が入りやすくなります。

3) 相手にならない（無視する），そして，ほめる

　困った行動の中には，子どもが保育士を試すことがあります。発達的な遅れゆえに，たまたまおもしろかったことを繰り返すこともあります。こういう場合，相手にならないことが大切で，その後，すぐにやめたり，適切な行動やよい行動が見られれば，すぐにほめることを忘れないでください。ほめることに裏打ちされた"相手にならない（無視する）"でないと，これが生きてきません。

4) 言葉を添える（あるいは，言葉で伝える）

　トラブル場面でしばしば使われているのが，「貸して」「入れて」「ちょうだい」などの言葉を添えることです。対人場面でどのような言葉を使うとよいか，その技術を教えることになります。子どももどうしてよいかわからないので，勝手に持って行く，盗って行く，壊すことがあります。「○○しない」という否定の言葉はわかりにくいので，「(○○場面では) ○○する」と，肯定的に表現して伝えるようにします。

5) 問題を起こさないときにほめる

　ほとんどの場合，何かできたからほめることが多いと思いますが，ここでは，困った行動を起こさないときにほめます。つまり，"あなたのしていることは好ましい"というメッセージを送ることです。言葉だけでは伝わらないこともあるので，何らかのチェック表を作って，問題を起こさなかったら◎をつける，シールを貼るなど，子どもと一緒にその行動傾向を見たほうがよいかもしれません。悪いところを直そうとするより，よいところをたくさん見つけてほめ，適応した行動を増やすことを考えましょう。

6) 部分的に認める（条件付きで認める）

　通常，困った行動は注意して止めさせようとするかと思いますが，当面，一部認めたり，条件付きで認める方法をとります。例えば，保育室から勝手に出て行く場合を想定します。この場合，職員室はOKにすると，保育室で何か嫌なことがあったり，トラブルがあったときは，いったん保育室を出て興奮を静めることができます。全面禁止は子どもに受け入れがたいので，受け入れられる段階を踏んで全面禁止にしていきます。

C 間接的な対応

1) 親しみのある人間関係作り

　ステップ1に取り組んでいること自体，この人間関係作りになります。身の回りのことを"指導する"ことが多くなると，必ずしもよい人間関係はできないので，身の回りのことに取り組むときは気をつけてください。本プログラムで大切にしている点は，身の回りのことを通して深い人間関係を育むことです。ここで〈保育士(私)―子ども〉の関係が生きてきます。子どもが保育士を慕うようになると，保育士の期待に沿うような動きが出てくるので困った行動が減っていきます。

2) 子どもと遊ぶ

　本プログラムは遊びには触れていませんが，身の回りのことだけでは不十分な場

合，子どもの遊びに積極的に付き合うことを考えます。この場合も遊びが指導になるとうまくいきません。始めは子どもも満足するほど遊びきれないでしょうが，時間は短くても，できるだけ決まった時間に毎日遊ぶことで関わり続けていくと，保育士の動きがわかりやすくなります。子どもは状況が理解できるようになり，時間の区切りが受け入れやすくなっています。そういう時間を意図的に設定します。人への関心が弱い子どもが多いので，このことにより保育士への関心が高まり，遊びを求めて問題が少なくなることが期待できます。

C 集団での応用と効果

　今までは個別の対応について述べてきましたが，ここでは個別の対応を土台にして集団の形成や集団への参加を考えます。したがって，本プログラムでの一連の流れとしてご理解ください。本項では"子どもの宝探し"を提案します。

1 子どもの宝探しについて

　子どもは一人ひとりその子どもらしい宝（よいところ）をもっているという前提に立って，子どもの宝探しの活動を実施します。今までは個別に対象児をほめてきました。また，保育所の所長をはじめ他の保育士にもほめてもらうこと，友達の前でほめたり，友達にほめてもらうことを通して，一方で，クラス集団を改めて作る準備をしてきました。ここではほめることをクラス全体に広げて，一人ひとりの結びつきをさらに深めます。また，対象児を集団の中に入れるのではなく，対象児と他児とを個々に結びつける，子ども達を個別に結びつけていきます。そうすることで，対象児が他の子どもにも関心を示したり，子ども達が対象児に関心を示すことが期待できます。こうして，クラス全体の雰囲気を変えていきます。子どもの宝探しを実施するにあたっては，保育士が対象児に肯定的な働きかけをして，子どもからも保育士によい反応の出ていることが望ましいと思います。

2 子どもの宝探しの方法

①クラスの帰りの会（あるいはおやつ後）などに，みんなで"宝探し"をすることを提案し，宝探しの意図ややり方について簡単に説明します。
②この活動のとき，クラスの友達を2人くらい前に呼びます。
③今日，その友達のよかった点や頑張った点などを2つ程度，みんなの前で保育士が具体的にほめます。そして，みんなに拍手してもらいます。
④ほめ言葉がみんなにわかるように，保育士のほめ言葉を名前とともに書き，何らかの形で保育室の後ろに掲示します（この書き方や掲示の仕方は自由です）。

⑤クラス全員が一巡か二巡したら，今度は友達に手を挙げてもらって，友達にほめてもらいます。そして，このほめ言葉も保育室の後ろに掲示していきます。
⑥あらかじめ順番を決めておき，会の最後に翌日の友達を紹介します。
⑦これを基本的に，毎日繰り返します。

　子どもの宝探しはクラスの子ども達の理解の程度や時期に応じて進めてください。子どもは保育士をよく見ており，またよく話を聞いているので，保育士がモデルになります。このことを頭に入れて，子どものよいところを具体的に伝えてください。

　その他に次のようなことを考慮されるとこの活動がおもしろく，また保育士も子ども達も楽しく取り組めるのではないかと思います。

　この活動に名前をつけるとおもしろいでしょう。これは保育士がつける場合もありますが，年長児の場合，クラスの子ども達に考えてもらうのも1つです。

　ほめ言葉は具体的な行動がわかりやすいと思います。保育士がどういう点をほめるのかは，子どもの年齢によるところも大きいでしょう。

　保育士である「私」も参加するとよいでしょう。子ども達には「私」がどのように映っているのかがよくわかると思います。

　掲示の工夫では，記載する紙を星型，ハート型，果物型，野菜型，短冊型などに，切り分けていろいろな形にします。また，単に掲示するだけでなく，ダンボール等で作品を作り，そこに貼るような工夫もできます。

3　効果について

　子どもはほめられることはうれしく，友達の前でほめられることは保育士にほめられるよりうれしく，さらに友達にほめられることはいっそううれしいものです。子どもは普段から保育士の言葉や動きを見ています。したがって，保育士が子どもの模範となり，友達のどういう点を見ているのか，どういう言葉を使ってほめるのかはとても重要なポイントになります。実際に取り組んだ結果を簡単に紹介します。

a クラスが温かい雰囲気になります

　保育士からほめられ，クラスの友達からほめられて，〈ほめる―ほめられる〉関係になりますから，クラスの人間関係が温かい，あるいは，柔らかい雰囲気になります。この活動を通して，よいことをしている友達のことを伝えにくることが増えます。

b 子どもは友達のよい面を積極的に見ようとします

　子ども達がほめる番になると，友達の何気ないことも肯定的に見たり，取り上げるようになります。会のときだけでなく，普段から友達のよいところを保育士に伝える子どもも出てくるようになります。障がいの有無に関係なく，"ほめる"という肯定的な働きかけをクラス全員に広げていき，子ども達同士の結びつきを強めていくことが期待できます。ただし年少児の場合，自分がほめられたくて，自分の番でなくても保育士にアピールしてくることがあり，友達をほめるよりもまず自分がほめられたいということが強く出るかもしれません。

c 子ども達が意欲的，積極的になり，対象児の変化が期待できます

　子ども達は保育士に"ほめられたい"と思いますから，自分がよいと思ったことは積極的に取り組んだり，友達がほめられたことを取り入れて自分も頑張るようになります。正の連鎖といってもよいかもしれません。

　対象児の理解の程度にもよりますが，少なくとも自分がクラスの友達にほめられているらしいことはほとんどの子どもにわかります。この会のときは落ち着いて座っている，話を聞いているようになる子どもも出てきます。また子どもによっては，友達にほめられたことで，目標以外のことでも意欲的に取り組むようになることがあります。今までの肯定的な関わりを前提として，結果的に，困った行動が改善したり，なくなることが期待できるでしょう。

d 普段，目立たない子どもに光が当たります

　クラスにはあまり目立たない，おとなしい子どもがきっといると思います。その子ども達にも肯定的な注目が注がれ，ほめられる機会が与えられて，以前よりも物事に積極的になります。また次第に，自分の気持ちを表現できるようになってきます。逆に，目立ちすぎる子どもの場合も肯定的に見られ，ほめられるので，この活動を楽しみにして叱られるような行動は減ることが期待できます。

e 保護者支援のきっかけ作りになります

　保育室にほめ言葉を掲示できる場合，保育参観のとき，保護者に見ていただけます。子どものよいところがいろいろ書かれていると，保護者も決して悪い気はしないでしょう。これを通して，保護者と話しをするきっかけ作りにもなります。

参考文献

- 竹田契一,他・編著：インリアル・アプローチ．日本文化科学社，1994
- 上林靖子・監修：こうすればうまくいく発達障害のペアレント・トレーニング実践マニュアル．中央法規出版，2009
- 高井富夫：「当たり前の関わり」の考察―施設の日常生活を通して―．実践と研究　17：1-10，1991
- 辻　悟：治療精神医学の実践．創元社，2008
- 今井和子・編著：保育を変える記録の書き方，評価のしかた．ひとなる書房，2009
- あいち小児保健医療総合センター：軽度発達障害の理解と保育　平成17年度〜25年度　保育リーダー研修報告書
- 障がい児保育研究班：あい・あい保育向上プログラム．平成25年度厚生科学研究費補助金地域医療基盤開発推進研究事業．2014

第3章 実際にやってみよう

A 手　順

B 年少事例

C 年中事例

D 年長事例

A　手 順

　ここでは本プログラムに実際に取り組む手順を示しますが，これは基本的にステップ1と2の場合とご理解ください。その他，いくつかの注意点と大切なポイントを示します。前述しましたが，本プログラムは子どもの障がいや理解の程度は問いませんし，また保育士の保育経験も問いません。この手順を参考にして取り組んでみてください。

■ 手順1：子どもの行動観察

　まず基本シート1を作成します。2週間程度，子どもをいろいろ観察して基本シート1を作成していきます。その期間でわからない点は保留にして，後日，記載します。このシートは記入例の通り，子どもとのやりとりを記載する必要はありません。また，項目の「身につけてほしい行動」は，基本的に，ステップ1の援助目標と同じ内容であり，保育士の願いや思いではありませんので注意してください。なお，このシートはケース検討でも使えますので，有効に活用してください。

■ 手順2：援助場面や援助目標の選択

　取り組んでみたい，取り組めそうな場面や目標を数個あげて優先順位を決めください。その中から実際に取り組む場面や目標を1つ決めます。このときも行動観察した結果に基づいて場面や目標を決めてください。

■ 手順3：3つの援助の決定

　基本シート2を作成します。ここでは**手順2**で決めた場面や目標を記載しますが，目標がだいたいできているかどうか（75％の原則），ほめるための目標になっているかどうか，また保育士が毎日取り組めるかどうかも確認，検討してください。援助方法は具体的になっているかもあわせて確認してください。援助方法は記入例のように箇条書きにするとわかりやすいと思います。

■ 手順4：自己点検票の記載

　基本シート3を作成します。特に設問3「そのような目標を設定したのは，子どもの保育にとって何が大切だと考えたからですか」の問いに，「マナーだから」と記載するのは大きく捉えているので，もう少し熟慮してください。設問6は具体的な方法になるので，ここも箇条書きにすると手順がわかりやすいと思います。**手順3**の援助方法と**手順4**の設問6の中身は同じになるでしょう。場合によっては，自己点検票を考えたうえで援助方法を記載する方法もありうると思います。

■ 手順 5：日々の観察記録と評価

　基本シート 4 に子どもとのやりとりを毎日記載します。注意点は子どもの行動だけを記載するのでなく保育士の働きかけや関わり，つまり 2 人のやりとりを記載することです。当日メモ程度に書いて翌日補足して書くようなことはかまいませんが，記憶は薄れていくため，記録はためないで毎日短い時間で書いてください。また，その日の評価も必ず書いてください。

　ここまでがステップ 1 に取り組むときの手順です。ステップ 2 の手順も同様に考えてください。この際は目標が 75％未満になり，時にできることや時々できることになるでしょう。苦手なことや初めてのことに取り組む場合，目標や方法はステップ 1 よりもきめ細かくしてください。ステップ 2 に取り組む場合，基本シート 1 を改めて作成する必要はありません。ただし，ある程度時間が経過したり，外部の方とケース検討する場合は，最近の資料としてあらためて作ったほうがよいかもしれません。

　次は，ステップ 3 の困った行動の場合ですが，基本シート 3 は使用しません。

■ 手順 1：子どもの行動観察

　この場合も 2 週間程度，子どもの困った行動をよく観察します。記録は基本シート 4 を使うとよいでしょう。毎日，複数回困った行動が起きる場合は，時間や時間帯，簡単な内容を記載し，1 週間に 1 回か 2 回程度しか起きない場合は少し詳しく書いてください。この観察記録をもとに，困った行動の傾向や特徴をある程度把握します。

■ 手順 2：困った行動の対応発見

　手順 1 を踏まえて基本シート 5 を作成しますが，今までの対応も記載してください。観察の結果や今までの対応を踏まえて，これからどのように対応するかを考えてください。

■ 手順 3：3 つの援助の決定

　基本シート 2 を作成します。ステップ 1 のときは先に 3 つの援助を決めましたが，困った行動の場合，基本シート 5 を記載した後，基本シート 2 を記載するほうが作成しやすいと思います。目標は否定形（○○しない）ではなく，肯定形（○○する）にしてください。否定形にすると注意することが多くなったり，援助方法が具体的にならないことがあります。

■ 手順 4：日々の観察記録と評価

　基本シート 4 に記録します。ステップ 1 と同じ様式ですが別紙を使ってください。また，1 日に複数回困った行動が生じる場合，その中で 1 つだけ詳しく書いてください。その他は回数や時間など，傾向がわかるようなことを簡単に記載するとよいかもしれません。この観察記録から，困った行動が起きる時間帯や回数（頻度），強さ，問題行動の中身（対物や対人など）を整理するとさらにわかりやすく，対応を考えやすくなることがあります。また，観察記録の冒頭に評価欄をつけて，あなたなりの評価をしてください。ここはステップ 1 と同様に主観的な評価になるので，途中で大きくぶれないようにだいたいの基準を自分で決めてください。

注）次頁からの事例はプライバシーに配慮して改変してあり，文中の名前はすべて仮名です。観察開始が X 年となっていますが，すべて同年ではなく，6 月時点と 7 か月後の変化を示しています。障がい名が「不明」とあるのは，専門の医療機関を受診していないか，受診している場合でも保育所が障がい名を把握していないことを示しています。また，基本シートの記入例と次頁の事例とは異なります。

3-A 手順

第3章 実際にやってみよう

B 年少事例①
―3歳・男児　りくちゃん―
身の回りのことを楽しみながら身につけた例

- **障がい名**：自閉症スペクトラム障がい
- **子どもの特徴**：人懐っこいところはありますが，よく動き回ってしばしば保育所から外に出てしまうことがあり，目が離せない状態でした。興味や関心，遊びも次々と変わり，一か所でじっと遊んでいることはありません。
- **クラスの状況**：男児10名，女児13名，計23名で，障がい児は本児を含めて3名，クラス担任1名，加配保育士1名，計2名で保育しています。年少クラスなのでまだクラス全体が落ち着かず騒々しいクラスです。

ステップ1　①自分でコップを鞄に入れる，②自分でコップとタオルを鞄から出して掛ける

着目すべき発達状態　身支度

観察開始時点と観察終了時点での子どもの状態

項目		平成X年6月時点の状態	平成X＋1年1月時点の状態
発達状態	食事	好きな物は落ちている物でも拾うほどよく食べる。食事の挨拶が待てず，先に食べ始める。途中で席を立つ。	「いただきます」をしてから食べ始め，最後まで座って食べる。「お代わりください」といい，落ちている物は食べない。
	排泄	排尿をぎりぎりまで我慢するので週に1～2回失敗する。	排尿排便は自立し失敗はない。
	着脱	ほとんど自分でできるが保育士にやってもらいたがる。	必要なときは自分でする。
	言語	会話で困ることはない。「何で？」の疑問文が多い。	過去，現在，未来を使い分けて話ができる。
	対人関係	いつも保育士と一緒に過ごしており，子ども同士の関わりは見られない。	短時間なら同じクラスの子どもと遊べる。年長女児に遊んでもらうことを好む。
	集団	集まりは保育士がそばにいれば参加できるが，興味のないときや時間が長くなると走り回る。	保育士の話を最後まで集中して聞け，集まりは保育士がそばにいなくても落ち着いて参加できる。
好きな遊び		プラレール，水遊び，ブランコ，滑り台。	砂場でままごと，三輪車に乗る，ブロック遊び，園庭で木や小石を拾い集める。

項目	平成 X 年 6 月時点の状態	平成 X ＋ 1 年 1 月時点の状態
安心できる場所	加配保育士におんぶや膝の中に入れてもらう。	職員室，保育士と手をつなぐ，抱っこしてもらう（加配保育士以外でもよい）。

援助の経過

ステップ 1-❶

- **援助場面** 降所準備
- **援助目標** 自分でコップを鞄に入れる。
- **援助方法** ①降所直前に「コップを鞄にしまおうね」と具体的に声をかける。
  ②「紙芝居を読んでくれるよ」など，コップをしまうと楽しいことが待っていることを伝えて自分でできるようにする。

■ 6 月

目標に取り組み始めて保育士が鞄を用意すれば，自分でコップをしまえる日が増えていきました。鞄にコップを入れるとき，保育士が鞄を動かしながら「パックンパックン，コップが鞄に入るでしょうか？」など，遊びを加えると❶無理なく楽しみながらできました。「昨日みたいにパックンやって」と求めることもあり，降所準備を"楽しい""おもしろい"と感じながら取り組めるようにしました。逆に全くできない日もありましたが，「ニコニコのときにコップをしまってね」と無理させず，ゆったりと関わるように心がけました。❷ある日，「りくちゃん，コップしまった？」と聞いたとき，思わず「うん」と答えましたが，保育士が確認に行く前に急いでコップを鞄にしまっていました。「先生と一緒じゃなくても 1 人でできたね！」と，このときは大げさにほめました。りくちゃんにとって初めての成功体験が劇的に変わるきっかけになりました。

■ 7 月

降所準備を促すと「ゆり先生，見ないで」と，1 人で支度をするようになりました。「はーい，見ませんよー」と返事をしつつこっそり見ていました。身支度が終わった頃，「できたかな～」と見に行くと，「へへーっ」と，「また 1 人でできちゃったもんね！」と，得意そうな顔をしています。1 人でできることがうれしくて，保育士が驚くのを

> **専門家のアドバイス**
>
> ❶身の回りのことに取り組む際，こういう遊びや楽しさを演出できるとよいでしょうね。子どもも楽しんで取り組めると思います。
>
> ❷子どもに対して，こういう距離のとり方がとても大切だと思います。

期待しているかのようでした。「わーっ，すっごい！」「お母さんもびっくりするよ」とたくさんほめました。言葉をかけてもすぐ行動できないときもありましたが，少し待てばやれるようになり，ずいぶん成長したなあと思いました。❸しかし後半頃から，保育士がほめたり驚いたりしても感動が薄れてきたようで，ときどきほめる程度にしました。❹

■8月

　お盆は休みが続いたので生活リズムが狂ってしまい，そのうえ，りくちゃんが登所した日に保育士がいなかったのでよけい不安な思いをさせました。「抱っこして」「おんぶがいい」と甘えてくるので，その気持ちを受け止めて安定をはかりました。また，室内の玩具が新しくなったので注意がそれやすくなり，声をかけてもすぐに降所準備ができないので，いろいろな関わり方を試してみました。例えば，鞄を生き物に見立て，鞄がしゃべっているかのように「ああー，お腹が空いたなあ。早くタオルとコップが食べたいなあ〜」といって，りくちゃんが鞄にコップやタオルを入れると，「モグモグ，おいしいなあ」と，鞄が食べたように見せたり❺，タオルをグチャグチャに入れたときは，一度は飲み込んだ後で「ウッ，まずい！ゲー！」と鞄がタオルを吐き出したように見せてたたみ直してもらいました。りくちゃんはこれがお気に入りで，何度もタオルをグチャグチャに入れては鞄に「ゲー」をさせ，大笑いしながら降所準備をしていました。❻周りの友達も2人のやりとりを見て一緒に笑い，「先生，僕もゲーやって」とリクエストが出るほどで，クラスの友達と楽しい時間を共有できました。このことは，りくちゃんが友達に目を向けるきっかけにもなりました。❼こうして言葉をかけなくても，自分から進んで身支度できたことが何よりうれしいことでした。

専門家のアドバイス

❸子どもの状況にもよりますが，少し待つと気持ちが切り替わる場合があり，余裕をもって子どもに関われるとよいですね。

❹いつも同じようにほめていると，子どもにとって単調になることがあり，表情の変化は乏しくなることがあります。また，できて当たり前と思うようになることもあります。

専門家のアドバイス

❺確かにおもしろそうですね。こういうところがこの保育士の工夫でしょう。子どももおもしろくて注意がそれないと思います。

❻子どものリクエストに答えていくこと，これは大切ですね。こうして〈私―子ども〉との関係が深まっていきます。

❼確かに周りの子ども達と楽しさを共有できましたね。こういうことを通して友達との関係も広がっていきます。

ステップ1-❷

援助場面	登所時
援助目標	自分でコップとタオルを鞄から出して掛ける。
援助方法	①登所後，手をつないでタオル掛けの前まで行き，「コップとタオルを出そうね」と，具体的に言葉をそえる。 ②「○○して遊ぼうね」「何をして遊ぶ？」など，持ち物の始末をしたあとに，楽しいことが待っていることを伝える。 ③嫌がるときは無理せず，母親にお願いして臨機応変に対応していく。

■ 9〜10月

　理由はわかりませんが，お母さんと離れられない日や泣きながら登所することがありました。そこで少しの間，抱っこやおんぶをして気持ちを落ち着かせてから身支度に誘うようにしました。一緒に手をつないで他のクラスの遊びを見に行くと気分が変わり，スムーズに取りかかれることもありました。❽ また，数字や文字が好きなので，「今から20数えるので，それまでにコップとタオルを出してください」というと，コップとタオルを急いで出し，時には自分で「1，2，3……」と数えて，「先生，8でできちゃったあ」とうれしそうにいってくることもありました。❾ 登所してから身支度までに時間はかかるものの，自分でできたことを評価して頬と頬をくっつけたり，たくさんほめて自信につながるようにしました。10月には手伝わなくてもそばで見守るだけでできるようになりました。

■ 11月

　登所時の気持ちの崩れを回復させるために，何か他によい方法がないかと考えました。「あっ！りくちゃんはえらいなあ。1人で朝の支度ができるね」と，りくちゃんに聞こえるようにほめると，「朝の支度をしようね」といわれなくても，自分から身支度ができました。別の日には，ポストの手紙を利用して，「今日はお手紙が3枚もあるなあ。誰か所長先生のところに持って行ってくれないかなあ？」とつぶやくと，りくちゃんの目が輝いたので「配達，お願いしまーす」と，気分転換を図ってから，朝の身支度に取りかかるようにしました。またお母さんにも「見ていてくださいね。りくちゃん，すぐできちゃうんですよ」といって見てもらうと，りくちゃんも俄然やる気になりました。お母さんも子どもの頑張る姿を見て「できるようになったんですねえ」と成長を感じているようでした。❿

> **専門家のアドバイス**
>
> ❽子どもは自分から気持ちを立て直すことが難しく，遠回りのようですが，子どもの求めに応じていくと，落ち着いてきて自分でできることがあります。
>
> ❾ここでも子どもの興味や関心のあることを生かして関わっています。うまいですね。
>
> ❿りくちゃんの意欲を高めるためにいろいろ工夫していることがわかります。また本人の様子をお母さんに伝えていますが，これは本人の意欲を高めるだけでなく，保護者支援にもなりますね。

第3章 実際にやってみよう

■ 12月

　泣きながら登所しても，「僕，何にも悪いことしてないのにお母さんが怒った」と話しを聞いてもらう⑪と，その後は短時間で気持ちを立て直して身支度に取りかかれるようになり，登所後の身支度全体がとてもスムーズにできるようになりました。身支度を忘れたときもさり気なくタオル掛けのほうに体を向けると，自分で気づいてできるようになりました。この頃から見守ることも控えて，「先生は○○をしてるから，りくちゃん1人でやっておいてね」⑫と本人に任せるようにして，身支度が終わった頃に様子を見に行き，驚くとともにギューッと抱きしめて気持ちを伝えるようにしました。この頃，いつものほめ方に少々飽きており⑬，新たなほめ方をとても喜んでいました。"りくちゃんはもう1人でもやれるね"という気持ちを身体で伝え，りくちゃんもそれに応えるかのように「ゆり先生，もう見ていなくていいよ」と，自分から登所後の身支度ができるようになりました。

関わりを振り返って

　初めはとにかくコップを鞄に入れることだけに焦点を当てました。ほんのちょっとしたことですが，毎日，小さなことをほめて，遊びながら取り組むことで楽しさを加えました。りくちゃんにとって降所準備の時間は私と1対1で遊ぶ時間であり，しかも毎日ほめられてうれしい時間になっていたのではないかと思います。⑭生活面のことは保育士側もとかく機械的に進めてしまいがちなので，そこに楽しさはほとんどありません。りくちゃんとの関わりを通して，遊びの要素を加えて取り組むことも重要なことがわかりました。また記録をとっていくと，りくちゃんは状況の変化にとても敏感なことにも気づきました。でも，そんなりくちゃんを理解していれば，"今日はいつもと違うから取りかかるのに時間がかかるな"と予想でき，余裕をもって関われました。⑮いつも声をかけられてから降所準備をしていましたが，ある日，「コップを鞄にしまった？」と聞いたとき，思わず「うん」と答えたことが，大きく変わるきっかけになったように思います。本当にコップを鞄にしまったかを私が確認しようとすると，必死でコップを鞄にしまい"自分1人でもできた"ということがあり，大きな自信につながったようです。子どもはちょっとしたきっかけで劇的に変わることがあるんだと，私はりくちゃんに教えられました。また，気

専門家のアドバイス

⑪ 少し時間をとって話しを聞くだけで，気持ちを立て直すことができるようになり，大きな成長だと思います。こういう一コマがとても大事ですね。

⑫ 自分の位置や居場所を伝えておくと，子どもは安心できるでしょう。

⑬ いつも同じほめ方だと子どもは飽きることがあります。ちょっとした変化をつけると，子どもはまたそれに反応します。

専門家のアドバイス

⑭ 降所準備は，実は，「私」との遊びの時間でもあったのですね。単に身の回りのことを1人でできるようにすることではないことがわかります。ここにこの「私」の工夫があると思います。

⑮ 子どもをよく見ていると，子どもを深く理解できるようになり，子どもの行動が読みとりやすくなります。そこに私の"余裕"が生まれたのでしょう。

分が落ち込んでいるときや涙を流しているときでも頑張る子どもでした。

　登所後の身支度は，家庭でのことに大きく影響されるので，降所時より関わり方が難しいと思いました。身支度させるのではなく，まず気分よくさせることが目標達成への近道ではないかと思って，言葉をかけるタイミングや言葉かけの内容もいろいろと工夫しました。特に，言葉かけは今することだけでなく，「りくちゃん，とも君が（一緒に遊びたくて）待っているよ」や「雪が解けそうだよ。早く外へ行って雪で遊ぼう」など，"楽しいことが待っているよ，だからやろうね"といった間接的な言葉かけがりくちゃんには効果的で，気持ちよく取りかかれるようでした。⑯自分でできない日もあり，"やりたくない日だってあるよね"と私が余裕をもって関わると，自分にも負担なく関わっていけました。⑰"やらせよう"と監視するのではなく，楽しくおしゃべりしながら"やれちゃった"という感じを大切にして，一緒に楽しめる友達のようになれるとよいのではないでしょうか。私がやってほしいことは一呼吸おいてから取り組むほうが楽にやれる⑱ようでした。"今すぐでなくてもよいじゃないか。たっぷり時間はあるのだから"と，こんなことも私に教えてくれました。

　こうしてちょっと頑張ればできる身の回りのことに焦点を当てて毎日関わっていくと，ほめる機会が格段に増え，りくちゃんへの見方が180度変わっていきました。⑲それはりくちゃんの頑張ろうとする姿に気づけるようになったからです。入所直後は，毎日，思いっきり水を出してあたり一面どころか自分も水浸しになって水遊びをし，所内のありとあらゆる機械を触り，あっちにいたかと思ったらこっちにいるなど，いい出したらきりがないほど，りくちゃんは困った行動の塊のような子どもでした。しかし，毎日同じ時間に，同じ場面で関わって細かく観察すると，"りくちゃん，頑張っているんだな"と感じることが多くなりました。それはりくちゃんが変わっただけでなく，自分自身の見方も変わったからでしょう。そして，私とりくちゃんとの間によい関係ができ，"ゆり先生と一緒にいると楽しいなあ"と思えるようになった⑳からかもしれません。

　研修を受けたとき，「身の回りのことができてくると，困った行動が段々減っていきます」という話を聞いて，半信半疑というより"そんなことは絶対にあり得ない！信じられない!!"と思いました。㉑しかし，今は「本当に困った行動は減るんです!!」と，いろいろな方に伝えたい思いでいっぱいです。りくちゃんの落ち着きぶりは目を見張るものがあり，研修を受けた頃に見られた困った行動が一切なくなっ

3-B 年少事例①

専門家のアドバイス

⑯「○○したら……できるよ」といった肯定的な言葉かけのほうが確かに受け入れやすいでしょうね。

⑰そうですね。保育士側にこの余裕があると落ち着いて子どもに関われますね。

⑱この部分も子どもをよく見ることにつながるのだと思います。そして，結果的に子どもの行動を待てるようになるのでしょう。

⑲目標が高いと子どもをほめることができず，子どもも保育士も疲れますね。

⑳子どものこういう気持ちが，行動を変えていくのだと思います。

㉑話しただけでは，多くの保育士が半信半疑ですね。ぜひ実践してください。

第3章 実際にやってみよう

たことに気づいたときは本当に驚きました。私だけでなく所長を始め，他の先生達もとても驚いていました。お母さんも「以前は保育所にくると自分の子どもがどこにいるのかすぐにわかりました。でも今はみんなと同じでどこにいるかわかりません」と，とても驚いた様子でうれしそうに話してくださいました。

　生活の一部が快適に過ごせるようになると，次第に他の場面でも落ち着きが見られるようになり，りくちゃんは私との関係より友達との関係を求めるようになっていきました。㉒保育所にいるときはニコニコした笑顔があふれ，「僕，本当は保育所にずーっといたいんだけどなあ」と，何度も何度も私に話してくれました。そして「僕，学校に行ってもゆり先生のこと忘れないよ」「僕が大人になってもゆり先生のこと大好きだよ」の言葉に胸がジーンとなりました。㉓

　今回の実践では，とてもたくさんのことを学びました。できないことをやらせようとするのではなく㉔，目標は低く，ほめるための目標で関わることが，いかに大切かが実感できました。目標の立て方によって結果が大きく変わることに驚き，子どものマイナス面に目が向きがちな私たち保育士を短期間でほめ上手に変身させてくれました。そして，どの子どもも成長する力があることを感じました。

> **専門家のアドバイス**
>
> ㉒保育士との関係が熟してくると，それは次の段階，友達との関係，へ移行する段階に入ったことを示唆しています。保育士にはちょっと寂しいことですが。
>
> ㉓子どもにこういってもらえると本当にうれしいでしょうね。
>
> ㉔ここは「保育士がやってほしいこと」と置き換えてもよいかもしれません。

専門家のアドバイス：まとめ

❶この事例は"保育士はエンターテイナーであれ"というメッセージを送っているように感じました。楽しさやおもしろさを演出して，子どもは身の回りのことに楽しく取り組んでいます。子どもには身の回りのことに取り組む動機がありませんから，こうして動機を高めると子どもは身の回りのことを自然に身につけていくでしょう。また物を介して，〈保育士―子ども〉の関係を深めていくこともできます。

❷子どもは気持ちが崩れると自分で立て直すことができず，待ってもらったり，抱っこやおんぶをしてもらって落ち着いていきます。こうした関わりが，子どもにとって次への心の準備になり，またこういう経験が心の成長につながります。何かができるようになるだけでなく，できるようになるプロセスにどのように関わるかがいっそう大切だと思います。

年少事例②
―3歳・男児　こう君―
子どもの興味を生かしてゆっくり変化していった例

- **障がい名**：自閉症スペクトラム障がい
- **子どもの特徴**：友達のいるところが好きで，一緒に歌を歌ったり，かけっこしたりしています。ただ友達の動きに注意や興味が拡散してしまい，行きたいところに急に行ったり，友達の物を取り上げたりするので，とっさの動きに目が離せません。
- **クラスの状況**：男児16名，女児13名，計29名で，クラス担当と加配保育士の2名で対応しています。集団生活が初めての子どもが多いので，クラスはまだ落ち着きません。

ステップ1　自分でタオルとコップを鞄にしまう
ステップ2　トイレに入ったら便器の前に立つ
ステップ3　自分の物と友達の物を区別する
着目すべき発達状態　身支度，排泄，自他の区別

観察開始時点と観察終了時点での子どもの状態

項目		平成X年6月時点の状態	平成X+1年1月時点の状態
発達状態	食事	矯正箸で右手を使っている。ご飯やパンを口に押し込んであまり噛まずに飲み込む。野菜は吸うように食べる。歯ごたえのある物は時間がかかる。	箸で食べるようになり，保育士が声をかければ，よく噛んで食べようとする。野菜や歯ごたえのある物も時間内に食べられるようになった。
	排泄	立位で排尿できるが，排便は知らせない。	尿意，便意を感じると自分でトイレに行く。排便後の後始末はできない。
	着脱	ボタンのかけはずしができる。	上着の着脱ができる。
	言語	2語文は多いが発音は不明瞭で聞き取りにくい。困ったときは口をもごもご動かして何か伝えようとする。保育士の簡単な言葉や指示は理解できる。	発音がはっきりして聞き取りやすくなる。困ったことやしてほしいことを保育士に進んで話し，3語文以上で伝えられるようになる。
	対人関係	好きな友達に抱きついたり，並んでいるときに前にいる友達にピタッとくっついたり，押したりする。	友達と同じ玩具で一緒に遊ぶ。貸してほしいときは「かして」と相手に伝える。好きな友達と追いかけっこをして遊ぶ。

第3章 実際にやってみよう

項目		平成X年6月時点の状態	平成X+1年1月時点の状態
発達状態	集団	クラスの友達と一緒に活動でき、近くにいる友達の動きを見て何でもまねしようとする。周りの友達が気になって刺激の強いほうへ急に動くので保育士の指示が入りにくい。	簡単な集団遊びにも喜んで参加し、追いかけられたり、追いかけるようなスリルのある遊びが好き。しかし、楽しくなると興奮して、相手の動きに気をとられてルールが守れなくなる。
好きな遊び		砂場での型抜き。トロッコに玩具を入れて歩き回る。ブロックで車を作る。保育士と絵本を見る。	トロッコに玩具を入れて友達と歩き回る。スクーター。追いかけっこ。友達と一緒に線路をつなげて好きな電車で遊ぶ。
安心できる場所		自分のクラス。砂場。加配保育士のそばや好きな友達のいるところ。	自分のクラス。担任や加配保育士。好きな友達のいるところ。

援助の経過

ステップ1

援助場面 降所準備
援助目標 自分でタオルとコップを鞄にしまう。
援助方法 ①歯ブラシとコップを袋の中に入れる。
②その後、「タオルとコップをしまおうね」と言葉をかける。

■6月

　歯磨きが終わるとコップ袋をフックに掛けて戻そうとするので、「コップとタオルは鞄にしまうよ」と声をかけると、これに気づいて鞄にしまうことはできました。しかし、友達がすでに遊んでいると気がそれて、保育士の声かけが耳に入らないこともしばしばありました。それで、タオル掛けの向きを変えて❶、こう君が保育室に背を向けて降所準備ができるようにしました。こうすると、友達の遊んでいる様子が目に入らなくなり、声かけが入りやすくなり、毎日、同じ場面で声をかけていると話しかけてくるようになりました。❷あるとき、歯磨き時に友達がコップにお水をたくさん入れているのを見て、「いっぱいだあ。もったいないばあさんくるよ」❸というので、「ほんとだね、もったいないばあさんくるね」と思わず笑いながら一緒に歯磨きをしていました。歯磨き後も「ゆみ先生、終わったー」と知らせにきたので、「次はどうするのかな？」と聞いてみました。こう君は袋をフックに掛けようとしたので、「もう掛けないよ」と伝えると、気がついてタオルとコップを鞄にしまいに行きました。

専門家のアドバイス

❶ちょっとした工夫で子どもの集中力が高まりますね。

❷場面を限定すると保育士の存在がわかりやすくなり、こういうことが見られるようになります。

❸確かにユニークな表現ですね。家庭でいわれていたのかもしれません。こういう表現のほうがストレートに注意するより印象に残って子どもには入りやすいかもしれませんね。

■ 7～8月

　保育士が先に声かけするのではなく，歯磨き後，コップを袋に入れた後に「次はどうするのかな？」と問いかける❹ようにしました。そうすると，袋をフックに掛けずに掛かっているタオルだけをフックから外すことができました。保育士の顔をチラッと見るので，できたことをアピールしているのではと思いました。「こう君，すごいね！できたね！」とほめると，さっと鞄にしまいに行きました。こうして保育士が声をかけず，そばで見守るだけで気がついてコップとタオルを鞄にしまうことができるようになり，その都度，「今日もできたね。おりこうだね」とほめました。

> **専門家のアドバイス**
> ❹理解力のある子どもにはクイズ形式で問いかけると興味をもって取り組めますね。

■ 9月

　タオルをたたんで片づけることがクラスのみんなに浸透していなかったので，「クシャクシャに入れないで，こうやって半分にしてたたんでしまってね」と，やって見せて知らせました。こう君も説明をよく聞いており，降所前，「こう君，タオルたためるかな？」と聞くと，タオルについているキャラクターを見せて，「これモグラ」といったり，「これは？」と聞いてきたり，会話を楽しみながらタオルをたたむことができました。❺「タオルたたもうね」と声をかけると，次第に「はい」という返事が返ってくるようになり，きちんとたたんで鞄にしまえるときもありました。しかし，友達が遊んでいると注意がそれたり，声をかけないとタオルがクシャクシャのまま入っていることもありました。そんなとき，「タオルたたんだ？」と聞いても返事をしなかったり，鞄を確認しに行こうとすると，両手を広げて通せんぼうをすることもありました。「あれー?!」「たたむの忘れちゃった？」と笑顔でいうと，こう君も"しまった"と照れ笑いしながら急いでたたみ直していました。

> **専門家のアドバイス**
> ❺身の回りのことに毎日取り組んでいくと，このように子どもから話のきっかけを作ってくることがしばしばあります。それに応じていくと，楽しく身の回りのことに取り組めるようになることがあります。

■ 10月

　「タオルたたもうね」の声かけがすんなり入れば，たたんでしまえるようになってきました。たたんでしまったときは，しっかりほめようと思い，「きちんとたたんだから，おりこうのタッチしようか」と両手を出して誘いかけると，こう君も笑みを浮かべながらタッチしました。タオルをたたむ場面を見ていなかったときでも，自分から「ゆみ先生，遊んでいいですか？」と聞いてきた❻ことがあり，「あれ？タオルしまった？」と聞くと，「はい」と答えるので，一緒に鞄の中を確認するときちんとたたんでありました。「こう君，すごい！きちん

> **専門家のアドバイス**
> ❻身の回りのことに継続して関わっていくと，保育士がそばにいなくても自分でできたことを報告にきてくれることも少なくありません。こういう関係が大切ですね。

第3章 実際にやってみよう

とたたんであるね！おりこうのタッチしようか！」というと，こう君もニコッと笑ってタッチできました。このとき，"できたよ"というアピールや"ほめられたい"という気持ちが出てきたのだと思いました。

■11月

タオルをたたんだらタッチすることがわかって，自分から「タッチ！」といってきたり，保育士の顔を見てニコニコしながらたたむこともありました。そうかと思えば，いわれるがままに無表情でタッチしたり，友達の遊びを見ながらタッチをすることもありました。保育士とのタッチが日常的になり，慣れてしまったのかもしれません。普段でも保育士に話しかけることが多くなった⑦ので，タッチはこう君とのスキンシップと思って続けていきました。

■12月

保育士が声をかけるとき，「タオルたたもうね。今日は何のタオル？」と聞くようにすると，「ゆみ先生，見て。くるま」と広げて見せてくれました。⑧「かわいいね」というと，すかさず「かわいいじゃない，かっこいいのー」という⑨ので，「あっ，ごめんね。かっこいいね」といい直したこともありました。そんなやりとりをしながら，タオルがたためるようになってきたので，こちらから声をかけず様子を見ていくことにしました。タオルとコップをフックから外して自分のロッカーに行くとき，こちらと目が合い，ニコッと笑いかけてきたので笑い返して見ていると，タオルをたたんで鞄にしまうことができました。「こう君，すごいね！自分でたためたね！タッチしよう！」というと，こう君もニコッと笑ってタッチしました。この場面で保育士との距離を徐々に離していくと，保育士をあまり意識せずたためるようになって⑩いきました。

> **専門家のアドバイス**
>
> ⑦ある特定の場面での関わりですが，関係が深まってくると，それ以外の場面でも何かを伝えてくれたり，やりとりを楽しむことが増えてきます。
>
> ⑧ここは保育士から話のきっかけをつくっていますね。こういう何気ない関わりが，より関係を深めていきます。もちろんコミュニケーションもよりとれていきます。
>
> ⑨なるほど，ここは大人である保育士と子どもとの感じ方の違いを端的に表していますね。
>
> ⑩タオルをたたむことやたためたことも大切ですが，この間のプロセス（〈保育士―子ども〉関係）がいっそう大切だと思います。

ステップ2

援助場面	トイレ場面
援助目標	トイレに入ったら便器の前に立つ。
援助方法	①3つの男子用便器の洗浄ボタンに好きな虫のシールを貼る。 ②保育士がトイレの出入り口に立つ。 ③スリッパを履いたときに「どこのトイレでする？」と声をかける。 ④うまくできたらほめる。

■ **9月**

　トイレに入っても個室のドアを開けたりふらふら歩き回ったりして，すぐ便器の前に立てないので，3つの男子用便器の洗浄ボタンにこう君の好きな虫のシールを貼りました。⑪ シールを見つけると，1つずつ指さして「これは？これは？」と聞いてきました。「これはカブトムシボタン，これはカミキリムシボタン，これはカナブンボタンだよ。こう君はどれにする？」と聞くと，「カブトムシボタン！やったー」といってジャンプして喜んでいました。トイレのスリッパを履いたとき，「今日はどのトイレにする？」と聞くと，目を輝かせながら「これ！」といってスムーズに便器の前に立てるようになりました。しかし，トイレが込み合っているとき，自分の使いたいトイレが空いていないとサッと横入りをしてしまうことはありました。

■ **10月**

　ボタンへの興味が思った以上に強かったので，スリッパを履いた後，声をかけないで様子を見ることにしましたが，隣でスリッパを履いている友達の頬をニコニコしながら触ったり，他に気がそれてしまうことがありました。「今日はどのトイレにする？」と途中から声をかけても耳に入らず，個室のドアを開け閉めして遊び始めてしまうこともありました。「こう君，どのトイレにする？」ともう一度聞くと，ようやく男子用便器の前に立ちました。そして，「カミキリムシトイレ！」と喜んで選んでいました。こう君がトイレのボタンに強い興味を示したので，声をかけなくても大丈夫だろうと過信してしまいました。⑫

■ **11月**

　クラスの男の子達，2，3名がトイレに入ると遊ぶようになり，こう君もつられてしまいました。そのため，クラスの約束として，「トイレに入ったらすぐおしっこをして，友達に代わってあげてね」とみんなに伝えました。こう君にはスリッパを履く前に，「トイレに行ったら遊ばないで，先生とすぐタッチしようね」と声をかけると「はい」と返事ができ，クラスの子ども達も「先生，トイレで遊ばなかったよ」とアピールしてくるようになりました。一人ひとりに「イエーイ」とタッチをしていくと，こう君もその様子を見て「遊んでない」といって，タッチを求めてきました。⑬

> **専門家のアドバイス**
>
> ⑪ これはちょっとしたアイディアですね。きっと他の保育所でも使えるでしょう。また，これを素材にして子どもとやりとりしながら排尿を促している点もよいですね。

> **専門家のアドバイス**
>
> ⑫ 逆にいえば，保育士から声をかけるタイミングの難しさも感じます。身の回りのことができていくとき，〈子ども―物〉の関係だけでなく，〈保育士―物―子ども〉の関係がきれいに読み取れると思います。

> **専門家のアドバイス**
>
> ⑬ うまくいかないとき，子どもを注意するのではなく，どのようにするとうまくいくのか，子どもの興味がうまく生かされていますね。

3-B　年少事例②

第3章 実際にやってみよう

■ 12月

　保育士がトイレで見守り，「遊ばないでトイレに行ったらタッチしようね」と，こう君やクラスの子ども達に伝えると遊ばずにトイレに行くようになりました。周りの友達が落ち着いてきたため声かけが入りやすくなり，スムーズに便器の前に立てるようになりました。また，「お相撲タッチだ。ドスコイ，ドスコイ⑭」など，タッチの仕方にも変化をつけていくと，こう君も興味を示して，「ドスコイタッチ！」と，ニコニコしながら手を合わせて喜んでいました。

ステップ3

　6月の終わり頃から，友達がやっていることに興味をもち，使っている物がほしくなると，黙ってさっと持っていこうとしてトラブルになることが増えました。多いときは1日に4～5回は起こります。⑮

援助場面	自由遊び
援助目標	自分の物と友達の物を区別する。
援助方法	友達の持っている物を取りそうなとき，「こう君，○○君が今使ってるよ」「こう君，○○君がやるよ」「『かして』っていおうね」と，伝えていく。

■ 8月～9月

　年中の子ども達が，魚釣り用の玩具を水に浮かべて遊んでいると，こう君も興味を示してその子ども達の使っている竿を横からとってしまいました。ある子どもがトンボを捕まえようとしているとき，こう君が「かして」といいながら，タモを取ろうとして相手の子どもを追いかけることがありました。こう君は目に止まった物をさっと持って行こうとするので，その都度，「こう君，とらないよ。使っているから待っていようね」と伝えていきました。相手の子どもには「こう君が『使いたい』っていうから，かしてくれないかな？」と保育士が代弁して貸してもらうようにしました。⑯

■ 10月～11月

　室内での自由遊びのとき，こう君が何やら口をもごもご動かして保育士に伝えようとしますが，聞き取れませんでした。こう君は友達のところに行って，保育士をチラッと見ながら「かして」ということができました。相手の子どもには聞こえなかったので，こう君は困って保育士に訴えにきたことがわかりました。⑰「こう君，電車のおも

専門家のアドバイス

⑭ ここは保育士が変化をつけましたね。同じほめ方をしていると，子どもも飽きてくることがあり，変化をつけるとまた楽しんで取り組めることが少なくありません。

⑮ 周りの子ども達への興味や関心が出てくると，その反面，困った行動が出てくることもあります。

⑯ 直接的な対処としては，行動を止めるだけでなく，このようにフォローがいるでしょう。

⑰ 困った行動を保育士に伝えられると，その行動は確実に減ります。

ちゃがほしかったの？」と聞いて、「こう君が使いたいから、1つかしてくれないかな？」と友達に頼むと、相手の友達も1つ貸してくれました。「こう君、『かして』っていえておりこうだったね」というと、うなずいていました。こう君が玩具を貸してほしいとき、自分の思いが友達に伝わらないと、保育士に訴えてくるようになり、黙って玩具を取ることが少なくなり、トラブルも自然と減っていきました。⑱

関わりを振り返って

　発達障がいをもった子どもや気になる子どもへの困った行動に対して、その子どもの特徴に合った援助方法を具体的に学びたいと、初めは思いました。声をかけるタイミングはいつがよいのか？やって見せていくのがよいのか？手取り足取りやってあげるのがよいのか？4月当初は手探り状態でした。しかし、このプログラムでは、まず身の回りのことから始めることを知り、どんな子どもにも同じ方法なのだととても驚くと同時に、"それでよいのか？"と疑問や不安も生じました。ともかく実際に取り組んでみて、子どもがほめられることで変わっていくのだとわかり、ほめるための簡単な目標を心がけました。⑲

　降所準備では、おやつの後、タオルとコップを鞄の中にしまうという目標でスタートしました。こう君の様子を観察していると、タオルやコップではなく友達が遊んでいる様子を見ていることがわかりました。動く物や興味あるほうに気が散りやすいためタオル掛けの配置を替えると、私の声かけが入りやすくなりました。また、こう君をほめると話しかけてきたり、チラッと私を見たりするようになり、毎日、同じ場面で声をかけると⑳、こう君が私を意識するようになっていくのがよくわかりました。

　次は、タオルをたたんでから鞄にしまうことを目標としました。これは保育室で取り組んでいたので、今思えば、すでに片づけて遊んでいる友達もおり、こう君には刺激の多い中での取り組みだったと反省しています。しかし、声かけに耳を傾けてくれたときは、「はい」と返事をするようになり、できない日でも、「忘れちゃった？」と声をかけると、"そうだった"と気がついて照れ笑いをすることもありました。そんなこう君を見ていると"かわいいなあ"と思いながら接することができるようになりました。この研修を受けなければこう君とゆったり関わることはほとんどなく、緩やかに変化していくこう君の

3-B 年少事例②

専門家のアドバイス

⑱誰にどのような助けを求めるとよいのかが、わかってきてトラブルが減っています。それは自分に関わってくれた人に伝えることが多いと思います。ここがこのプログラムのねらいでもあります。

専門家のアドバイス

⑲本プログラムは、保育士の主体性や自主性を大切にしています。そして実践でいろいろなことを確めていただきます。

⑳これは、子どもから見てわかりやすさにつながります。

第3章 実際にやってみよう

　行動や表情を見逃していたと思います。タッチしてほめるようになってからは，こう君から「タッチ！」といって，できたことをアピールするようになりました。初めはこう君の反応に手応えを感じましたが，次第にあまり喜ばなくなり，遊びの前の通過点ではないかと思うこともありました。しかし，それは停滞しているのではなく，そのやりとりが浸透しており，一連の流れが着実に身についていることがわかりました。

　トイレに入ったら便器の前に立つという目標では，トイレの洗浄ボタンにこう君の好きな虫のシールを貼ると，とても興味を示してくれました。脇目も振らず便器の前まで行けるようになったので，もう目標達成に近づいていると勘違いをしてしまいました。声かけを早くから少なくして，見守るだけにしたので，こう君も友達に気をとられて便器の前に行けなくなりました。シールは単なるきっかけにすぎず，もっとていねいに根気よく声かけをしていく必要がありました。㉑ それからは遊ばないでトイレに行けたら，タッチしてほめるようにすると，クラスの友達もそれに応えてくれるようになりました。こう君だけでなく周りの子ども達も巻き込んでほめていくと，次第にクラスのみんなが遊ばないでトイレに行けるようになり，雰囲気が落ち着いていきました。クラス全体が落ち着いて静かになってくると，こう君もスムーズにトイレに行けるようになりました。㉒

　振り返ってみて，今まで１人の子どもをこんなにじっくり観察したり，関わったことがあっただろうか？と思いました。また子どもをじっくり見るとどこでつまずいているのか，そして，何がどの程度できるのかが，次第にわかってきました。㉓ そこから具体的な目標が立てられるようになったので，ゆったりした気持ちで接していくことができました。緩やかな変化でしたが，こう君が身の回りのことができるようになっていったことに感動しましたし，何よりも関係が深まって普段でもよく話しかけてくることが，私は一番うれしく思いました。記録を振り返ると，そのときにはわからなかった関わりのまずさも見えて，自分の問いに自分で気づくこともできました。また，そのときどきのこう君の行動の理由や意味が，わかってきました。㉔ 継続した援助は子どもがよい方向に変わっていく最大の近道なのだと改めて気づきました。

> **専門家のアドバイス**
>
> ㉑保育士が関わることの大切さがきれいに出ていますね。じっくり取り組みたいものです。
>
> ㉒こう君とクラスの友達との相乗効果ですね。

> **専門家のアドバイス**
>
> ㉓このプログラムでは，ここをとても大切にしています。
>
> ㉔実は，記録にはいろいろな意味があり，これらもその１つです。やりとりの記録が，こういうところで役立っていますね。記録を書くだけにとどめず，このようにぜひ生かしてください。

専門家のアドバイス；まとめ

❶こう君の場合もそうですが，多くの子ども達に注意のそれやすさがみられます。したがって，動線が長いと周りの物が刺激になり，注意がそれて目的のところに行けないことがあるので，最初の援助目標は動線がないか，できるだけ短いほうがよいでしょう。こういうところに子どものわかり方を捉えて関わっていくことの大切さがあると思います。

❷トイレの洗浄ボタンにお気に入りのシールを貼ったのは小さなアイディアですね。視覚支援を含めて，物の工夫はとても大切ですが，これだけだと〈子ども─物〉の関係にとどまることがあり，目標達成できないことが出てきます。〈保育士─物─子ども〉のように，保育士が物を介して継続的に関わることに，このプログラムは重きを置いています。

第3章 実際にやってみよう

年中事例①
―4歳・女児　のんちゃん―
シンプルな目標に取り組んで表情が豊かになった例

- **障がい名**：不明
- **子どもの特徴**：周りの物に興味がそれやすくて，興味のある物を見つけると活動中でもどこかに行くことがあります。視線はあわず，言葉も一方的に話すことが多いので，言葉のやりとりにならず，コミュニケーションがうまくとれません。
- **クラスの状況**：男児10名，女児7名，計17名で，そのうち3名が加配対象児です。このクラスをクラス担任と加配保育士の2名で保育しています。クラスはやさしくて穏やかな子どもが多いので，雰囲気は落ち着いています。

ステップ1　①ナフキンの袋を鞄に入れる，②ナフキンをたたんで袋にしまってから鞄に入れる

着目すべき発達状態　片づけ

観察開始時点と観察終了時点での子どもの状態

	項目	平成X年6月時点の状態	平成X+1年1月時点の状態
発達状態	食事	スプーン・フォークを使うことができ，好きな物は自分で食べる。食事中，離席することが多い。	離席はなくなったが，お腹がいっぱいになると食事に興味がなくなり，他児の遊ぶ様子に注意が向いて食事が進まない。
	排泄	おむつを使用している。	排尿は自立していたが，排便はパンツの中にしてしまう。
	着脱	時間はかかるがズボンやおむつは自分で着脱できる。	自分で着脱できるが，ボタンは難しい。1つの動作で止まるので，声をかけたり，援助はまだ必要である。
	言語	2語文を話すが独り言が多く，自分が関心あることを一方的に話す。	話しかけられると会話が少し続くようになり，3語文も増えてきた。
	対人関係	声をかけてもなかなか視線があわない。	保育士にほめられると笑顔で喜んだり，注意されると「いや」と泣くなど，自分の感情を出すようになった。
	集団	他児が遊んでいるところには近づかない。	ブロックやままごとコーナーに自分から入っていくようになったが，集団での行事は注意がそれてふらふらする。

項目	平成X年6月時点の状態	平成X+1年1月時点の状態
好きな遊び	ままごと，パズル遊び，お絵描き。	ままごと，パズル遊び，お絵描き，ブロック。
安心できる場所	室内の絵本コーナーで，保育士に1対1で絵本を読んでもらうと気持ちが落ち着く。	保育室（特に絵本，ブロックコーナー）。

援助の経過

ステップ1-❶

援助場面 給食後の片づけ
援助目標 ナフキン袋を鞄の中に入れる。
援助方法 ①他の子どもが片づける様子をよく見せる。
②ナフキン袋をのんちゃんの前に出して，「鞄に入れようね」と声をかける。
③鞄の中に入れたらほめる。

■6月

給食を食べ終えるといつも席を立って室内をうろうろ歩き始めます。そこで給食後の片づけの手順を1つに絞り，できるだけわかりやすく伝えようと思い，ナフキンの袋を鞄に入れることを目標にしました。まず保育士がナフキンをたたんで❶袋に入れて，「鞄に入れようね」と，のんちゃんに声をかけて手渡します。そして，保育士と一緒にロッカーへ行くようにしました。自分のロッカーの場所はわかっていますが，その途中で他の子どもの鞄や玩具が目に入るとそちらに注意がそれてしまいます。そのため鞄のファスナーを開けておき，のんちゃんの目の前に置いて，「ここに入れようね」とわかりやすく伝えたり，注意がそれそうなときは何度か声をかけて注意がそれないように心がけました。❷ そうすると保育士と一緒にナフキン袋を鞄に入れるようになりました。給食後の片づけはわからないので，保育士と1つ1つ一緒にすることを大切にして，できたときはほめたり，ハイタッチをしていきました。

■7月

給食の状況が変わりました。とても暑いのでクーラーのある遊戯室を使い，他のクラスと合同で食べることになりました。いつもの保育室とは違いましたが，給食は自分で全部食べています。部屋が替わっ

> **専門家のアドバイス**
>
> ❶結果論ですが，これがのんちゃんの関心を引いたようです。また，たたんだナフキンを鞄に入れるだけ，という援助目標もシンプルでとてもよいと思います。
>
> ❷物を見せると確かにわかりやすいでしょう。また注意がそれてから戻すのは難しいことが多く，こういう配慮はとても大切だと思います。

第3章 実際にやってみよう

たので給食後の片づけも少し違ってきました。テラスを通って保育室に戻らないといけなくなりました。「のんちゃんのロッカーはどこだった？」と保育士が声をかけると，自分の部屋に行こうとしますが，鞄についている小物類，テラスにあるタオル掛けが目に入ると，そちらのほうに走り出してしまい，近くで見たり，手に取って触ったり，保育室になかなか戻れません。気に入った物に興味を示すと保育士の言葉がなかなか入らなくなります。それで，のんちゃんが納得するのを待ってから声をかけてロッカーへと誘いました。❸「今日はできるかな？」といって，のんちゃんの背中を軽く押すと片づけることができました。また部屋が替わったので，他の子どもがロッカーにナフキン袋を入れる様子を見せて，「のんちゃん，しのちゃんみたいにしまおうね」と声をかけたり，保育士がタオル掛けや玩具を隠すようにしてのんちゃんのそばに立つようにしました。

■ 8月

ナフキンの袋を鞄に入れながら，保育士を何度もちらちら見ることが増えてきました。自分を見ているのを確かめると，うれしそうに笑ってナフキンの袋をロッカーに投げ入れたり，わざと逃げようとしたり，保育士の反応を楽しんでいるかのようになりました。❹そのため，「投げません」「鞄の中に入れます」と制止や注意など，強く指示して，目標を達成させることばかり考えていました。が，ふざける姿は少なくなるどころか，ますますエスカレートしていきました。❺ふざけの原因を改めて考えると，保育士との関わりを求めようとするもの，その方法がわからずにふざけているのではないか？❻，保育士との関係ができてきたからではないか？と思い，制止や注意は控えるようにしました。袋を鞄に入れるとき，保育士を振り返って確認することはありますが，徐々にふざけることはなくなっていきました。目標を達成できるようになってきたので，少し距離をとって見守りに切り替えると，他のことに気がそれることは増えましたが，自分でナフキンの袋を鞄に入れたときは，「できたー！」と笑顔で駆け寄り，のんちゃんのほうからハイタッチを求めるようになりました。「1人でできたね。えらかったね」とほめると，「やったー！」とジャンプして何度もハイタッチをしました。

専門家のアドバイス

❸子どもが納得するまで待つのは，できそうでなかなかできないことですね。どの程度待つと納得できるのかがわかると安心して待てると思います。

専門家のアドバイス

❹保育士に慣れ親しんでくると，ときどき，わざと違ったことや，いつもと違うことをやり始めることがあります。これは相手を求めるきっかけ作りなのかもしれないので，注意する前に子どもをよく見ましょう。

❺一般的には，こういう対応になりやすいですね。そして，結果はおもわしくありません。

❻わざといけないことをしていると思うと，子どもの動きを止めたり，注意することになりますが，ここはよく熟慮されたと思います。これは大きな転換点でしたね。

ステップ1-❷

|援助場面|給食後の片づけ|
|援助目標|ナフキンをたたんで袋にしまってから鞄の中に入れる。|
|援助方法|①ナフキンをたたむことを知らせる。
②たたんで袋に入れたらほめる。
③他の子どもが片づける様子をよく見せる。
④ナフキン袋をのんちゃんの前に出して、「鞄に入れようね」と声をかける。
⑤鞄の中に入れるように促す。
⑥できたらタッチしてほめる。

3-C 年中事例①

■9月

給食後、保育士がナフキンをたたんでいると、その様子を興味深そうにじっと見ていました。「のんちゃんもやってみる？」と声をかけると、「うん」とうれしそうに答えたので、ナフキンをたたんで袋に入れることを目標にしました。❼保育士が手をそえて角と角をあわせてたたむように教えました。何度も教えていると、のんちゃんも「はんぶんこ」と保育士のまねをして、自分でたたもうとするようになりました。角と角がうまくあわず、大雑把にたたんでいることが多いものの、ナフキンたたみを自分からやろうとしています。ナフキンをたためるようになると、「できたー！」とうれしそうにしてハイタッチを求めてきました。「上手にたためたね。えらかったね」「自分でできたね。頑張ったね」とハイタッチしながらほめると、ナフキンの袋を持ってうれしそうに自分からロッカーに行くようになりました。

■10月

ナフキンと同様に、折紙の場面でも半分に折ることを意識しました。❽そのためか角と角をあわせて、ていねいにナフキンをたためるようになりました。しかし、ナフキンをたたみ終えると絵本コーナーに行ってお気に入りの絵本を見てしまい、袋を鞄に入れることができなくなりました。そこで「ナフキンの袋をしまったらタッチしようね」と声をかけると、しばらく絵本を見てからロッカーに行けるようになりました。以前なら他の物に興味が移ると保育士の指示はほとんど入りませんでしたが、「できたら先生とタッチしようね」と声をかけると、気持ちの切り替えが早くなりました。❾

> **専門家のアドバイス**
> ❼保育士への関心が高まってきたところで、保育士のしていることにも興味が広がってきたのでしょう。まさにグッドタイミングですね。子どもをよく見て子どもの興味をうまく生かしていると思います。

> **専門家のアドバイス**
> ❽ナフキンたたみへの関心を折紙に広げて普段の活動をうまく取り入れていると思います。このように活動と活動のつながりを日常生活の中で生かせるとよいですね。

> ❾気持ちの切り替えを課題とするとこのようにいかなかったでしょう。切り替えが早くなったのは保育士に生活場面でたくさんほめてもらったことが大いに影響していると思います。

第3章 実際にやってみよう

■11月

　発表会の練習が続いていつもと生活が違って慌ただしくなっていました。そのため，給食中も気がそれやすくなって全部食べるのに時間がかかり❿，給食を終えてもう遊んでいる子どももいます。のんちゃんはナフキンをたたみ終えてロッカーに行こうとしますが，他の子ども達が絵本やブロックで遊んでいるので，その様子が気になって注意がそれてしまいます。時には，ナフキンをしまい忘れてブロックコーナーで遊び出すこともありました。保育士が「のんちゃん，袋をしまえたらタッチしようね」と声をかけると，「いやー」ということが多くなりましたが，しばらく見守った後，「先生がブロックを持っててあげるから，先に袋をしまおうね」と再び声をかけると，しぶしぶながらロッカーに行くこともありました。大慌てでナフキン袋を片づけて戻ってくるため，鞄のファスナーが開いていたり，片づけ方が雑になっていました。

■12月

　発表会も終わって普段の生活に戻ると，ナフキンの袋を鞄に入れるときの乱雑さが目立たなくなってきました。⓫他の子ども達がままごと遊びしている様子をちらちら見るものの，「今日は自分でファスナー閉められるかな？」と声をかけると，「できるー」とロッカーに行って最後までていねいに片づけることができました。ほめられることが多くなったので，のんちゃんもハイタッチを楽しみにして取り組むなど，また意欲がみられるようになりました。加配保育士が「トイレに行こう」と誘いかけても，「いや」といって逃げようとしますが，担任が間に入って「トイレに行けたら，またタッチしようね」と声をかけると，「うん」とうれしそうにトイレに行く⓬ことができ，加配保育士とクラス担任への反応の違いを感じました。

関わりを振り返って

　のんちゃんは表情や感情を出すことがほとんどなく，なかなか視線もあいませんでした。自分の興味あることしか眼中になく，コミュニケーションが取りづらく，思いが汲み取りにくかったことを覚えています。

　最初の援助は，ナフキンの袋を鞄に入れるという目標にしました。毎日，観察してわかったことは，袋を片づけるとき周りにある物に注

専門家のアドバイス

❿発表会の練習は多くの子ども達が苦手ですね。

専門家のアドバイス

⓫行事が終了した後，子どもがどのように行動するのかもおさえたいですね。例えば，練習による一時的なものか？練習をきっかけとした持続的なものか？

⓬ここは言葉の理解以上の〈保育士―のんちゃん〉の関係性が大きく影響しているでしょう。今までの積み重ねが，この結果につながったのだと思います。

意がそれていることでした。それで目標からそれないように、言葉をかけるタイミングや保育士の立つ位置を工夫し⑬、のんちゃんが"できた！"という喜びを一緒に味わっていくようにしました。8月頃には、のんちゃんから"保育士と関わりたい"という気持ちが芽生えてきました。でも、どのように伝えてよいのかわからないため、わざと袋を投げて保育士の注意を引こうとしていると思いました。このふざけを止めたり、注意することを控えて見守っていくと、"否定されない"という安心感が生まれ、絆が深まったように感じました。また、今まで以上にほめるようにして、小さな頑張りもほめていくと徐々にふざけることは少なくなりました。⑭これはふざけなくても保育士にハイタッチをしてほめてもらえることに満足できたためではないかと思いました。

　次の目標は、ナフキンをたたむことにしました。というのは、保育士がナフキンをたたんでいると興味深くじっと見ていたからです。⑮保育士のしていることに興味や関心をもって、"やってみよう"という気になったのでしょう。ナフキンをたたむことに興味があったので、こちらは意外なほどていねいにできて驚きました。しかし、11月前半は発表会の練習で慌ただしく、今までできていた袋を鞄に入れることができなくなってきました。どうしたのかと少々不安になりましたが、のんちゃんは"いつもと違う"状況に反応したのでしょう。当初、他の子どもの持ち物などに注意が移りましたが、いつものように関わっていくと、保育士がナフキンをたたんでいることに再び興味をもち、10月後半からは絵本に、11月後半からは他児が遊んでいる様子に関心が変化していく⑯ことに気づきました。のんちゃんは保育士だけでなく他児にも関心が広がったようです。

　ナフキンをたたむことはスムーズにできましたが、袋を鞄に入れることはできたり、できなかったりを繰り返しています。ナフキンをたたむのは手元を見るので集中できますが、袋を鞄に入れるのはロッカーまで歩いて行かないといけません。そのため途中で、いろいろな物が目に入って注意がそれてしまいました。⑰そう考えると、ナフキンをたたむほうが達成しやすかった理由もわかります。のんちゃんの様子はこのように変わってきましたが、これも継続して記録をとっていたからこそ気づけたことです。"なぜこんなことをするのだろうか？""どんなことに困っているのだろうか？"と振り返って、自分の保育を見直す⑱ことが大切だと改めて感じました。

　子どもの姿をじっくり観察すると、小さな変化に目を向けられるようになりました。これは障がい児保育だけではなく、普段の保育でも

3-C 年中事例①

専門家のアドバイス

⑬余計な物が見えないようにする工夫も大切ですね。

専門家のアドバイス

⑭ふざけを困った行動として処理していたら好ましくない行動に発展していった可能性があったでしょう。1つの大きな流れの中で子どもの行動を理解すると、また少し違った関わりができるのではないでしょうか？

⑮このような援助目標の立て方は珍しく、子どもをよく見て目標を立てている点が非常によいですね。

⑯〈保育士のしていること→絵本→他の子ども〉と、関心の変化が読みとれます。

⑰目標を立てるとき、確かに、動線を考慮する必要があったでしょう。

専門家のアドバイス

⑱このプログラムに取り組むと、こういう姿勢が養われます。

第3章 実際にやってみよう

大切なことだと思いました。なぜなら，小さな変化に気づくと子どもをよくほめるようになり，より具体的にほめられるようになったからです。また，子どもの気持ちに目を向けると，"もしかしたら○○が気になったのかな？"など，その原因を探ることができるようになりました。そうすると，〈できた—できなかった〉という結果だけにとらわれることが減って，"子どものことをもっと理解したい"と思うようになりました。"今できなくても大したことじゃないのかもしれない"と思えるようになり，関わり方に余裕が出てきて焦りを感じることが少なくなりました。⑲

　ある場面で，私が積極的に関わると，"先生が見てくれてうれしい""先生にほめられてうれしい"という気持ちになっていったようです。それだけ私の存在が大きくなったと思いました。こうして表情や言葉も豊かになってきました。また他の生活場面でも，のんちゃんから私に近づいてきたり，関わりを楽しむようになってきました。⑳

　小さな目標に向かって子どもと一緒に歩いたり，子どもの思いに気づくと，子どもとの距離が縮まることが実感できました。難しいこと，苦手なこと，嫌なことでも，"できたら保育士とタッチできる"という気持ちで取り組むなど，様々な面でのんちゃんの成長を感じました。㉑ "意欲を伸ばしたい""興味・関心を広げたい"という漠然とした目標を立てていたら，今ののんちゃんの姿はなかったかもしれません。㉒ のんちゃんのできそうなことやできることを認めて寄り添っていく，そのような毎日の積み重ねが，子ども達の一番の力になっていくように思いました。

　この内容を初めて知ったとき，"身の回りのことをほめていくだけでよいのか？"と疑問に思いました。今までの保育でも取り入れている"ほめる"ことだけで成果が上がるのだろうか？とずいぶん不安にもなりました。しかし毎日，同じ場面でほめていくと，子どもの反応が一様でないことを感じました。また，のんちゃんはどのようにほめられるとうれしいのかを考えてほめると，自分のほめ方も変わっていきました。「すごいね」「上手だね」といったうわべだけの言葉ではなく，"のんちゃんと一緒に喜びを味わいたい"と思うようになりました。

　毎日，同じ場面で子どもと関わり，記録をとることはなかなか大変でした。しかし，子どもの行動の理由や意味に気づけるようになり，子どもに対する観察眼がよくなったことは確かです。㉓ いろいろできるようになってほしいので，これまではできないことについ目が向いていました。㉔ 子ども達ができたときだけその頑張りをほめて，その

専門家のアドバイス

⑲この"まあいいか体験"が保育士にゆとりを与えています。そうすると，かえっていろいろな物（こと）が見えてくるようです。

⑳子どものこういう行動が，このプログラムのもう1つのねらいです。

㉑子どもが，自分にとってネガティブなものにどのように対処できるようになるかは，子どもの心の成長と深く関係すると思います。

㉒確かにこういう目標では難しかったでしょう。

専門家のアドバイス

㉓観察と記録は切り離せないでしょう。観察が鋭くなるとよい記録が，よい記録が書けるとよい関わりにつながると思います。

㉔保育士としては当然でしょうね。

後は"できて当たり前"と思って，実際はほめていませんでした。この実践で学んだことは，どの子どもにも生かせる方法だと思います。ほめると子どもはうれしそうな表情を見せてくれ，その笑顔を見ると自分もうれしくなります。子どもができることに目を向けるとお互いに笑顔が増えて，楽しい気持ちになりました。私はこの喜びがあったからこそやってこられたと思っています。㉕

> **専門家のアドバイス**
> ㉕保育者を支えているものは，やはり何といっても"子どもの笑顔"でしょう。

専門家のアドバイス：まとめ

❶ "子どもが納得するまで待つ"というのは，できそうでなかなかできないことです。1つには時間がなくて待てないこと，もう1つには，待っているとどうなるのかという保育士側の不安があるように思います。待ってみたらどうなるのか，一度，確認してみるとよいでしょう。こちらに見通しがもてると安心して待てるようになると思います。

❷ はじめは目標にそって順調に進んでいても，ある時期になると子どもに遊ぶ，ふざける，ためすような行動の出てくることがあるので気をつけてください。こういう場合，注意や制止，禁止することが多いと思いますが，子どもが関わってもらって楽しい，おもしろいと思うことがあります。ポーカーフェイスで少し様子を見てください。この事例でも相手にならないことで，子どもが安定していきました。

第3章 実際にやってみよう

C 年中事例②
― 4歳・男児 こうちゃん ―
困った行動を大目に見て行動が改善した例

- **障がい名**：不明
- **子どもの特徴**：人懐っこく，穏やかな女の子のそばによくいます。言葉が少ないので，本人の気持ちがとてもわかりづらいところがあります。やりたくないときは床に寝転んだり，自分の意に沿わないときは唾を吐きかけたり，友達の作品を壊すことがあります。
- **クラスの状況**：男児12名，女児6名の計18名，気になる子どもは本人を含めて6名いますが，クラス担任1名で対応しているので十分手が回りません。男児が多くて騒々しく，自己主張の強い子どもが多いので喧嘩やトラブルも絶えません。

ステップ1 スモックをたたんでロッカーにしまう
着目すべき発達状態 身支度

観察開始時点と観察終了時点での子どもの状態

項目		平成X年6月時点の状態	平成X+1年1月時点の状態
発達状態	食事	偏食はあるが量を減らせば食べられる。他児をまねて箸を使いたがるが握り箸である。	苦手な物も励まされて食べようとする。スプーンを使用している。
	排泄	排尿はパンツを膝まで下げ，排便は全部脱ぐ。後始末は何とか自分でする。ズボンやパンツは保育士が直す。	排尿はズボンの前だけ少し下げて，排便は全部脱いで後始末もする。
	着脱	裏返った服は直せず，着脱は前後逆になることも多いが自分でする。	ほぼ1人でできる。裏返った衣服は訴えてくるので一緒に直す。
	言語	2～3語文だが不明瞭で聞き取りにくい。保育士となら簡単な言葉のやりとりができる。	言葉はまだ不明瞭で聞き取りにくい。語彙が増えて文章で話す。自分が好きなことなら友達と言葉のやりとりができる。
	対人関係	友達は好きで関わろうとするが，ふざけて物を投げたり，壊してしまう。	友達と一緒に遊び，トラブルや困ったときは大声で泣いたり，保育士に訴えにくる。
	集団	鬼ごっこなどルールのある遊びに参加するが，捕まると怒ってしまう。落ち着いているときは友達と並んで移動できる。	ある程度ルールを守って遊べるがふざけて守れないときもある。朝の会では話を聞かずごそごそしているが，その場に座っていられるようになった。

項目	平成X年6月時点の状態	平成X+1年1月時点の状態
好きな遊び	遊びを転々とする。	遊びを転々とする。
安心できる場所	トラブルで興奮したり，落ち着かないときは保育室隅のパズルコーナーで過ごす。	好きな女児や担任保育士のそば。

援助の経過

ステップ1

援助場面 登所後の身支度
援助目標 スモックをたたんでロッカーにしまう。
援助方法 ①保育士がそばにつく。
②保育士と一緒にスモックをたたむ。

■ 6月

こうちゃんは登所しても朝の身支度をする気はなく，ボーッとしていたり，周りをキョロキョロと見ています。保育士がぴったりついて，「こうちゃん，スモック脱ぐよ」と声をかけると自分で脱ぎますが，そのときも遠くを見ていて手元は見ていません。言葉がわからないようなのでたたもうという気はなく，保育士に手をとられるままに朝の身支度をしていました。「半分こ，半分こ」など，声をかけて言葉と行動がつながるようにしていきました。❶前身ごろを合わせるところまで一緒にすると，そこからはやり方がわかって自分でする❷ので見守るようにしました。最後の部分だけでもできたときはずいぶんほめましたが，ほめてもあまり反応はなく❸，そのまま遊びに行きました。気分が乗らず全くやろうとしないときもあり，そんなときは無理せず，「先生がやってもいい？」と聞き❹，保育士がたたんで片づけることもありました。

■ 7月

保育士がそばにいないと気持ちがそれてしまい，遊んでいる友達のほうへ行ってしまうので，友達とこうちゃんとの間に入って視野を遮るように気をつけました。気分にムラはありましたが，保育士の言葉を少しずつ聞き入れ，「反対だよ」「ここを持ってごらん」という言葉に反応するようになってきました。こういう様子を見ていると，言葉

専門家のアドバイス

❶このようなことを意識して言葉がかけられるとよいですね。子どもは具体的なことを通して言葉を学習していくと思います。

❷これがこうちゃんのわかり方ですね。かなり具体的にならないとわからないことがわかります。

❸子どもからの反応が乏しいとほめる気力が萎えてしまいますが，ここは踏ん張ってください。

❹このように本人に一言確認することはとても大切だと思います。これは保育士の関わりが一方的にならないためにも重要な気がします。

の理解がよくなってきた⑤ように思いました。しかし，自分でやろうとするもののうまくいかないことが多いので，名札やボタンなど目に見える物を目印にして持つところを知らせました。少しでもできたときはタイミングを逃さず，「できたね」「上手だよ」とほめるようにしました。前身ごろを真ん中であわせることは目印になる物もなく，"だいたいこのくらい"が難しいため苦労しましたが，手を取って繰り返し知らせていきました。この頃から，保育士や友達にほめられるとうれしそうな表情を見せるようになりました。⑥友達もこうちゃんが困っている姿を見ると手伝ったり，支度ができると「すごいね」と認めてくれるようになり，友達が誘うとスムーズに支度のできることが増えました。⑦ただ，タイミングがずれてしまうとふざけてしまうので，様子を見守って，「お支度したら，やっちゃんと遊べるよ」と声をかけると，すぐに支度をしようとするときもありましたが，ふざけたままのときもありました。

■8月

相変わらずそばにいないと気持ちはそれてしまいますが，友達とこうちゃんとの間に入って視野を遮ると身支度に戻れました。この頃になると，前身ごろを真ん中であわせられるようになりました。わからないときは保育士にスモックを差し出すので，「やっては？」と必要な言葉を知らせるようにすると⑧，「やって」といったり，迷っているときに「どこを持つんだっけ？」と聞くと，正しい場所へ持ち直すようになりました。その都度，「『やって』といえるようになったね」「こうちゃん，上手だね，隅っこを持つんだよね」と，できたことを細かくほめました。こうして保育士からの言葉かけでスモックをたためるようになってきたので目標を増やすことにしました。

■9月

登所時，入室するとすぐに鞄を降ろして室内をうろうろしています。保育士がすぐそばについて声をかけても聞く耳を持たず，友達が遊んでいる様子を見に行ったり，好きなキャラクターの話を一方的にしていました。友達の様子が見えないように体で遮り，意識が支度からそれないように気をつけました。キャラクターの話に反応してしまうと，気持ちがそれるのではないかと思い，「こうちゃん，タオルを掛けます」「お支度したらお話します」と最後まで支度をさせてからほめるようにしました。⑨しかし，このような一方的な関わりに納得するはずもなく，保育士の"支度をさせなくては"という思いだけが

専門家のアドバイス

⑤具体的な場面や物があるからこそ，言葉と物（こと）が結びついていったのだと思います。

⑥子どもをほめると誰でもうれしそうにしたり笑顔になるわけではありません。この子どものように，しばらくほめ続けることが必要な子どもも少なからずいるので，一骨折ってください。

⑦友達も〈保育士―子ども〉のやりとりを見ており，関わり方を自然と学んだようです。

専門家のアドバイス

⑧子どもの求める具体的な行動に言葉を添えると，言葉の意味がわかりやすくなったり，言葉が使えるようになることがあります。

専門家のアドバイス

⑨保育士には少し疑心暗鬼のようなところがあって，やってほしいことをまず伝えようとしたのでしょう。

強く出てしまってうまく進みませんでした。

■10月

　登所後の支度中，話しかけに「そうだね」「○○だね」と，少し話しを聞くようにして，1つずつできたことをほめて，"できた"という経験をさせていくようにしたところ，少しずつ自分でやろうとするようになりました。⑩一緒に入室すれば支度しようとしますが，そうでないと部屋で友達と走り回っていたり，遊んでいる友達の様子を見ていたり，自分でやろうとする気が見られません。こうなると支度に気持ちを向けるのは難しく，促されてというよりは操り人形のようになって身支度をすませています。また，入室したら荷物を机に置くことがなかなか身につかず，ここで声をかけることが多くなっています。こうちゃんは〈コップ袋→トイレタオル→部屋タオル〉という順番のほうがやりやすいのかと思って，そのままにすることにしました。そばにいないとどうしても遊び出してしまうので，今まで通りの援助が必要でした。⑪また，スモックが冬服に替わったため，袖は保育士と一緒にひっくり返すようにしました。

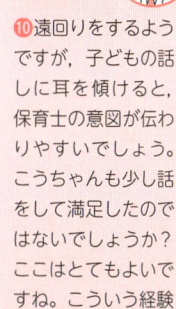

■11月

　登所時間が早くなり，園庭で遊んでから入室するので，一緒に入室できる日が多くなりました。入室前に「こうちゃん，鞄は机の上に置くんだよ」と毎日繰り返し知らせると，床におろすことは少なくなり，登所後の身支度に取り組める日が増えました。1人でできそうなときは少し離れたところから見守るようにしました。友達が遊んでいる様子に気をとられることもありましたが，ぴったりそばにつかなくても声かけだけで気持ちを切り替えられるようになってきました。

■12月

　机の上に荷物を置くことは身についていないので，入室直前にこのことを伝えることと，オーバーにほめることでやる気が出て，身支度に気持ちが向くようになりました。部屋の奥にあったタオル掛けを支度机の近くに持ってきたので動線が短くなり，歩き回ることも少なくなりました。友達が遊んでいる様子がどうしても気になってしまうものの，声をかけすぎず待つように心がけると⑫時間はかかりましたが，何とか自分でできるようになってきました。袖は一緒にひっくり返していますが，たたむことはこうちゃんに任せると，自分で身ごろをあわせて袖を折って小さくたたみ，スムーズにロッカーへ片づける

専門家のアドバイス

⑩遠回りをするようですが，子どもの話しに耳を傾けると，保育士の意図が伝わりやすいでしょう。こうちゃんも少し話をして満足したのではないでしょうか？　ここはとてもよいですね。こういう経験は，今後の保育に生きると思います。

⑪そばにいて，事前に声をかける必要がどうしてもあるでしょう。後手に回ると注意することになると思います。

⑫保育士が待てないことも多いと思いますが，待ってみると子どもがどのように行動するかを確認でき，子どもの行動がよりわかりやすくなると思います。

3-C　年中事例②

ことができるようになりました。そうすると教えたわけでもないのに，「ともよ先生，お支度できました」と，笑顔でいいにくるようになりました。「本当だね，こうちゃん，できたね。えらかったね」と，こちらも笑顔で返してOKサインを出すと，こうちゃんもうれしそうな顔をして遊びに行きました。

■ 1月

　入室すると，鞄を肩に掛けたまま支度コーナーのところに立っていました。少し離れたところから様子を見守りながら，「お支度するよ」というと，鞄を支度机に置いており，床におろすことはなくなりました。タオルやコップ袋のイラストを友達に見せて，楽しそうに話しながらタオル掛けに掛けています。途中で話に夢中になってしまうこともありますが，「こうちゃん，すごいね，自分でできるんだね」というと，すぐに支度に戻っています。スモックも自分で脱ぎ，袖が裏返しのままたたもうとして保育士のほうをチラッと見て，いたずらっぽい笑顔を見せます。「お袖，一緒に直す？」というと，スモックを渡すので，「ここの白い襟のところを持つんだよ」といって返すと，袖を返してからスモックをたたんでいます。ロッカーにしまって保育士のところに戻り，「ともよ先生，お支度できました」⓭というので，「こうちゃん，今日もバッチリだね」と返すと，笑顔で友達が遊んでいるところに行きました。

> **専門家のアドバイス**
> ⓭約7か月かかってようやく1つの目標を達成できました。そのうえ，困った行動もなくなっていきました。

関わりを振り返って

　初めてこうちゃんを見たときはとても驚きました。友達に唾を吐きかけたり，玩具を投げたり，自分の気が乗らないとその場に寝転んでしまって動きませんでした。"なぜそんなことをするのだろう？" "どうしたらこのような問題行動がなくなるのだろう？"と思いながら，「唾を吐いてはいけません」「おもちゃを投げてはいけません」と，毎日，注意したり，禁止ばかりしていました。⓮そんなとき，このプログラムと出合いました。「援助目標は75％できていること，そして，25％でほめる」，"こんなことで問題行動がなくなるのだろうか？"と，とてもいぶかしく思いました。⓯

　しかし，こうちゃんの姿を思い返してみると気になるところは次々と浮かぶのに，75％できることはなかなか見つけられず，こうちゃんに対して，いかに偏った見方をしていたのかと反省しました。⓰改

> **専門家のアドバイス**
> ⓮だめなことをこのように注意するのは普通でしょう。ただ，「いけません」という言葉は，こうちゃんにはわかりにくかったかもしれません。
>
> ⓯多くの方がこう感じられますね。でも結果は……。

めてこうちゃんを観察すると，保育士がそばについていれば，登所後の身支度，手洗い，うがいなどはできることがわかりました。私のクラスには加配保育士もおらず，他にも個別的な配慮を要する子どもが何人もいる⑰ので，毎日，同じ場面でこうちゃんにつくことは簡単なことではありませんでした。唯一，登所後の身支度は取り組めたので，そこを援助場面とすることにしました。今思えば，朝の大事な時間にじっくりと関われたのは，関係を作るうえで最適だったと思います。ある程度の困った行動は目をつぶり，優しく伝えて注意しすぎず，相手の友達にはこうちゃんに代わって私が謝るようにしました。⑱

　身の回りのことで75％できることをほめることから始めましたが，始めた当初は，毎日，スモックのたたみ方を教えて意味があるのだろうかと思えてしまいました。このプログラムに対する私の疑問があったからだと思います。しかし，毎日，繰り返し教えていて，"なぜこれができないのだろう？" "やらないのではなくやり方がわからないのではないか？" "意味がわかってないのではないか？"と，考えるようになりました。そこで伝え方を具体的にしたり，言葉と行動を結びつけて伝えたり，いろいろ試してみました。⑲ そして，こうちゃんをほめたり，一緒に喜んだりしながら１つ１つ課題をクリアしていくことが，こうちゃんだけでなく私自身の喜びにもなりました。これは不思議な感覚でした。こうちゃんに対して，"困った子ども"から"かわいい子ども"へと変化しました。気がつくと，４月当初の，唾を吐いたり，玩具を投げたり，といった問題行動はいつの間にか見られなくなっていました。絵本や朝の会の時間にも，他の友達と一緒にその場に座っていられるようになりました。⑳ 困った行動は不安や戸惑いの裏返しだったのかもしれません。㉑

　ただ，できることが増えるとつい欲張ってしまい，ほめたいがためにさせようとしてしまったり，なかなか結果が出ず，中だるみになってしまうこともありました。㉒ "タオルやコップを出す順番は決まっていたほうがやりやすいはずだ"と決め込んで，必要のない言葉をかけたり，わかってはいたものの今までのやり方を変えることに抵抗を感じました。こうして少し回り道をすることもありましたが，「子どもがやりやすいようにしてあげることが何より大切で，今までのやり方にこだわる必要はありません」と助言していただき，私はすっと胸のつかえがおりて気持ちが軽くなりました。自分のこだわりをなくすことで，"これでよし"と思えることが増えました。12月くらいから支度をすませると特に教えたわけでもないのに，「ともよ先生，お支度できました！」とうれしそうにいいにくるようになりました。この

専門家のアドバイス

⑯困った行動のほうが確かに目につきやすいとはいえます。

⑰状況として，これは大変だったと思います。

⑱何らかの問題を持っていると注意されることが多くなるので，こういう対応も大切ですね。保育士がどこまで耐えられるか，ということでもあると思います。

⑲このように子どものことで疑問に思ったり，自分の考えを試したり，工夫するとよいですね。必ず力量が高まると思います。

⑳スモックをたたむことが目標でしたが，その関わりの中で，このような変化が生まれました。

㉑こうちゃんは，困ったとき，唾を吐いたり，玩具を投げたり，床に寝転んだりするしか，解決方法を知らなかったのでしょう。

㉒ここは自分との闘いかもしれませんね。じっと我慢して，ぐっと耐えることで切り抜けていただくしかないかもしれません。

3-C 年中事例②

第3章 実際にやってみよう

言葉はこうちゃんの"自分でできたよ"という自信の表れでもあると思いました。

　この研修を受けるにあたり，"毎日記録をとるなんて大変そうだなあ"と不安を感じながら取り組みました。実際，記録をとることも大変でしたが加配保育士がいない状況で，毎日，同じ場面にそこにいることのほうがもっと大変でした。しかし毎日，同じ場面で関わると，その子どもの姿がよく見えてていねいに関わることができました。㉓これを実践していなければ気になるところばかりに目がいき，注意ばかりして今のような関係や姿はなかっただろうと思いました。"ほめる"ためには，その子どものよいところを見つけていかなくてはいけません。わかっていたつもりでしたが，実際はできないことや気になることばかりに目がいっていた㉔ことに改めて気づきました。私の姿勢が変わると，こんなにも子どもが変わるのかと驚きました。これは保育所で生活しているすべての子ども達にいえることだと思いました。障がいの有無に関係なく，できないことや苦手なことを克服させようとするのではなく，よいところを見つけてほめる，伸ばすことを大切にしていきたいと思います。

専門家のアドバイス

㉓同じ場面で子どもを見ていると，かえって子どもが示すわずかな違いがわかると思います。

㉔多くの方が思い当たるのではないでしょうか？どの子どもも，その子どもなりの宝をもっているので，それをぜひ探し当ててください。

専門家のアドバイス：まとめ

❶一方的に話してくる子どもをよく見かけますが，この場合，こちらの目的だけを伝えてもうまく伝わらないことが多いでしょう。子どもの話しに耳を傾けて気持ちを少し満たすほうがよいことが多いと思います。そうすると，もう少しコミュニケーションがとりやすくなったり，保育士の言葉を素直に受け入れられるようになったりすると思います。

❷困った行動が多いと注意したり，禁止することが多くなり，それはそれでやむを得ない一面があります。このときも子どもの行動を少し許容的に見ていくと，子どもが安定していくようです。もちろん，前提には普段から肯定的な働きかけをしているということがあります。こうして受け止められていくと，少しずつルールや決まりに従えるようになっていくようです。

年中事例③
― 4歳・男児　のり君 ―
ほめてほしくて気持ちの切り替えが早くなった例

- **障がい名**：知的障がい
- **子どもの特徴**：明るく素直な性格ですが，気持ちの切り替えが難しくて自分の思いが通らないとパニックを起こしたり，泣いて訴えます。一度パニックを起こすと落ち着くまでに時間がかかります。
- **クラスの状況**：男児10名，女児9名，計19名をクラス担任1名で対応しています。クラスは賑やかですが，全体的な雰囲気は落ち着いています。
- **ステップ2**　①お皿に手を添えて食べる，②遊びを切りあげて手を洗う
- **ステップ3**　自由遊びから給食へ気持ちを切り替える
- **着目すべき発達状態**　食事，手洗い，気持ちの切り替え

観察開始時点と観察終了時点での子どもの状態

項目		平成X年6月時点の状態	平成X+1年1月時点の状態
発達状態	食事	握り箸で食べているが，食べにくい物は手が出る。	箸を持って食べられるようになり，手を使うことはほとんどなく，左手で皿を持って食べることも多くなった。
	排泄	排泄の失敗はほとんどないが，大便時に援助が必要。	排泄の失敗はほとんどない。大便も自分で拭けるようになった。
	着脱	上着は「やって」と保育士を求めるが，途中まで手伝うと後は自分でできる。	上着の着脱は自分でできるようになったが，ボタンなどは援助を求めたり，ボタンをとめない状態のままでいることもある。
	言語	言葉ははっきりしないが思いを言葉で伝えようとする。相手のいっていることはほとんど理解できている。	2, 3語文で話す。思いを伝えようとするが，発音がはっきりせず聞き取りにくいことが多い。
	対人関係	1人遊びがほとんどで，友達同士で遊んでも，自分の思い通りにならないとトラブルになることも多い。	1人遊びがほとんどだが，友達との追いかけっこは楽しめるようになってきた。しかし，友達と遊んでも自分の思い通りにならないとトラブルになることも多い。

項目		平成Ｘ年６月時点の状態	平成Ｘ＋１年１月時点の状態
発達状態	集団	集団遊びはそのときの気分で参加できることもあるが，思い通りにならないと泣いたり怒ったりする。	集団遊びに興味がもてると参加できるが，勝敗のある遊びは一番になれないと悔しくて泣いて怒る。集団活動は，雰囲気に慣れたり，興味をもつまでに時間がかかる。
	好きな遊び	固定遊具，三輪車，プラレール，粘土，ままごと，ミニカー。	丸い物をハンドルに見立て運転手になっている。ミニカー，プラレール，積木，ブロックで遊ぶ。
	安心できる場所	ままごとコーナー，廊下やテラスの隅。	ままごとコーナー。

援助の経過

ステップ２-❶

援助場面 給食場面
援助目標 お皿に手を添えて食べる。
援助方法 ①一緒に給食を食べる。
　　　　　②声かけをしてお皿に手を添えるように促す。
　　　　　③手を差しのべてお皿の位置を変えて持ちやすくしたり，食べやすいようにする。

■６月

　最初は保育士の隣で食べることがうれしく❶て，お皿に手を添えるように声をかけると，素直に従って手を添えていました。しかし，その声かけが毎日続いて１週間ほどすると，声かけに嫌な顔をすることもありました。❷この頃，自由遊びから給食への気持ちの切り替えができず，自分の思いが通らないのでパニックを起こすことも増えてきました。給食前にパニックを起こすと怒りながら給食を食べるので，うまく関わることができませんでした。それで食事のとき，隣でいつも声をかけることが適切なのか疑問に思うようになり，少し距離を置くことにして，他のテーブルで食事をすることにしました。そこで他の子ども達をほめると，のり君もそれを聞いて左手でお皿を持って徐々に食べるようになってきました。❸

■７月

　左手を添える日とそうでない日があり，添えたときはハイタッチし

専門家のアドバイス

❶子どものこういう反応があると，このプログラムに取り組みやすいですね。目標設定の仕方によっては早くよい結果が出る可能性があります。

❷ただし，子どもの反応から，お皿に手を添えることがだいたいできていたかに疑問が残ります。この目標は苦手なことに入る可能性があり気をつけてください。ここは苦戦しましたね。

たり，拍手したりしました。またほめ言葉だけでなく，スキンシップをとりながらほめることも積極的に心がけました。その後，「のり君，とってもかっこいいね❹！」と声をかけると，「のり君，かっこいい！」とほめられたことを喜び，保育士にタッチするようになってきました。また，給食前の遊びから気持ちの切り替えができないときは「長い針が5と7，のり君はどっちになったらお片づけする？」と提案して，のり君が決めるような声かけをしていきました。❺今まで片づけの声かけに嫌がることが多く，のり君が自分で時間を決めれば，片づけられるようになるのではと思って取り組みを始めました。自分が決めた時間になると少しずつ片づけができるようになり，給食準備もできるようになってきました。給食前の遊びからうまく切り替えられると，機嫌よく食事ができて以前よりも援助しやすくなりました。

専門家のアドバイス

❸ここはうまくカバーしています。

❹「かっこいい」という言葉は，案外，子どもにヒットしますね。

❺いつもうまくいくとは限りませんが，子どもの気持ちを尊重するという意味ではよい対応だと思います。

■8月

左手を皿に添えて意欲的に食事をすることが多くなってきました。「みち先生，見て！お皿持ってるよ！」と，のり君から伝えることもあり，「すごいね！とってもかっこいいよ！」とほめると，「のり君，かっこいい！」と喜び，何度も何度も「見て！見て！」とほめてもらいたがりました。❻時には，手が膝の上にあることもありましたが，そのときは，友達が左手を皿に添えて食べていることをほめて，のり君に気づいてもらうようにしました。❼手を添えながらも保育士をちらちら見ていたので，他の子ども達と同様にしっかりと認めてほめました。長い休み明けは少々心配しましたが，登所後も落ち着いて生活でき，食事もお皿に手を添えて食べていました。

専門家のアドバイス

❻うまくできるようになると保育士に見てもらいたい，との気持ちがどの子どもにも出てきます。うれしいですね。

❼間接的なアプローチですね。

ステップ2-❷

援助場面	給食準備
援助目標	遊びを切り上げて手を洗う。
援助方法	給食前に一緒に手を洗う。

■9月

普段から給食前に手洗いはできますが，運動会の練習が始まったので遊び時間が短く，給食への気落ちの切り替えがなかなかできなくなりました。❽そうなると機嫌が悪くなって手洗いを嫌がったり，怒りながら手を洗うこともあったので，のり君に寄り添いながら一緒に手を洗い，洗えたことを十分にほめていくようにしました。運動会の練

専門家のアドバイス

❽運動会の練習に入るとほとんどの子どもが調子を崩すので，子どもの様子を見て関わる必要があります。

第3章 実際にやってみよう

習に慣れてくると，遊びの片づけも自分から積極的にできるようになり，ほっとしました。自分で気持ちよく片づけたときは，手洗いも喜んで取り組むことができました。

■10月

手洗いが身について，「見て！見て！みち先生，アワアワでピッカピッカになったよ！」と保育士に見てもらいたがるようになりました。❾また手洗いしているとき，通りがかった他の保育士からも「わぁ！のり君，すごいね！手洗い上手なんだね〜」と声をかけられると，得意気に「のり君，かっこいいでしょ！」と喜んでいました。これをきっかけに他の職員にも協力してもらって目標を進めていくようにしました。❿他の職員が関わることでほめられる機会が以前より増えて，のり君もほめられようと頑張るようになりました。

■11月

寒くなってきたので手を洗う時間がとても短く，石けんを使わずに洗うことが増えてきました。「のり君，手洗った？」と尋ねると，「うん，洗ったよ」と自信満々に答えることもあり，手洗いしたことを伝えると必ずほめられると思っていたのかもしれません。そこで手洗いの大切さをクラス全体に伝えて，手洗い場へ行ってのり君と一緒に手洗いするようにしました。その日の気分によって，「ええっー！？」と石けんを嫌がることもありましたが，給食前の手洗いが徐々にていねいにできるようになりました。一緒に手を洗うと，「のり君，ピッカピッカ！かっこいいでしょ！」といって，ほめられるのを喜ぶようになりました。

ステップ3

1〜2週間に1回程度，怒ったときに近くにある物を投げたり，担任を蹴ったり，叩いたりすることがあります。特に遊びを切りあげて片づける場面で多くみられました。

援助場面	自由遊びの片づけ
援助目標	自由遊びから給食へ気持ちを切り替える。
援助方法	①時計を使う。 ②片づけの声かけをする。 ③どの時間で片づけられるか決めてもらう。

専門家のアドバイス

❾できると保育士に見てもらいたがるのは，お皿を持つときと同じですね。楽しいことやうれしいことを誰かに伝えたくてしようがない感じです。

❿ほめる機会や場面を意識的に増やしたり，他の職員の協力を得ている点もよいですね。子どもの頑張り方が違ってくると思います。

■7月

　クラス全体に片づけを促すと,「ええっー！いやだあ～！」と,のり君だけが拒否します。周りの友達の姿を伝えたり,ほめたりしますが,のり君の気持ちは変わらず,遊びを続けます。少し時間をおいてから片づけるように誘いましたが機嫌は悪くなる一方で,時には玩具を投げたり,保育士を叩くこともありました。こういうときは,のり君が落ち着けるようにして,他の子ども達を先に食べさせると,のり君も給食に興味を示して自分で玩具を片づけて給食を食べ始めるようになりました。⑪無理強いはしたくなかったので,のり君の気持ちに寄り添いながら本人にあった声かけを探していきました。

専門家のアドバイス

⑪言葉で給食に誘いかけるよりも,より具体的な場面を見るほうが,のり君にはわかりやすかったのかもしれません。

■8月

　援助の仕方を変えて,朝,1日の活動の流れを書いて黒板に掲示し,生活の流れがわかりやすいようにしました。また片づけの少し前に,「のり君,長い針が3と4,どっちの片づけがいい？みんなは長い針が3になったらお片づけだよ」というような声かけをするようにしました。⑫このようにしたのは,のり君に片づけの時間を決めてもらい,自発的に片づけてほしかったからです。1日の流れを伝えると,次の活動を見通せたり,時計の針を見ながら自分の決めた時間にはしっかり片づけるようになりました。片づけると,「みち先生！のり君,片づけできたよ！えらい？」と必ず聞きにきたので,十分に認めてたくさんほめました。

専門家のアドバイス

⑫このように具体的な表示や指示・確認をされると,のり君もずいぶんわかりやすくなったと思います。また,保育士との距離も縮まることが期待できます。

■9月

　運動会の練習があり,最初は遊ぶ時間が短くてうまく気持ちが切り替えられず,保育士にあたることがしばしばありました。⑬しかし,今まで取り組んできたように気持ちを受け止めながら保育を進めていくと,「みち先生,今日は遊ぶ時間いっぱいある？」と聞いたり,時計の針を見ながら,「長い針が3になったよ！みんな,片づけだよ！」とみんなに伝えて,積極的に片づけるようになってきました。声かけの工夫だけでなく,1日の生活の流れをわかりやすくして関わると,のり君も保育士も気持ちに余裕をもって活動でき,パニックの回数も自然に減り,困った行動も見られなくなってきました。⑭

専門家のアドバイス

⑬発達に障がいのある子どもにとって運動会などは鬼門ですね。

⑭困った行動をなくすにはどうしたらよいか？と考えるより,生活の仕方や関わり方の工夫で困った行動がなくなっていったことがうかがえます。

3-C 年中事例③

第3章 実際にやってみよう

関わりを振り返って

　のり君は身の回りのことはだいたいできていたので，目標の設定はかなり戸惑いました。改めて観察してみると，給食のとき，食べにくい物があると左手で食べることがたびたびあることに気づきました。⑮ それで，左手をお皿に添えて食べることを援助目標にしました。最初は，保育士と一緒に給食を食べることがうれしくて声かけにも素直に応じていましたが，次第に，声をかけると嫌な顔をしたり，給食前でまだ遊びたくて気持ちがうまく切り替えられないので機嫌が悪くなって，目標をうまく達成できなくなってきました。⑯ そのようなとき，ほめることの大切さに改めて気づき，食事場面でのり君やクラスの友達を積極的にほめるようにしました。のり君はほめられている友達のまねをして，「みち先生，僕も見て！見て！」と私に訴え，"ほめられたい""認めてもらいたい"という気持ちが芽生えてきました。ほめられるととても喜び，楽しんで食事をするようになりました。こうして左手をお皿に添えて食事のできることが増えてきました。

　次の目標は，給食前に手を洗う，にしました。手洗い自体はできていましたが，給食前の遊びから気持ちがうまく切り替えられるようにと思い，この目標に決めました。⑰ 最初はいつもと変わらず，まだ遊びたくて機嫌が悪くなり，クラスの子ども達より遅れて食事を始めることがたびたびありました。しかし，担任だけでなく他の保育士からもほめられて，その姿が徐々に変わってきました。手を洗うとほめられるので，ほめられようと遊びを切り上げて使っていた物を頑張って片づけられるようになりました。1月にはクラスの子ども達と一緒に玩具を片づけて手を洗い，給食を食べるまでに変化しました。

　"子どもの宝探し"にも取り組みました。これを実施することによって，子ども一人ひとりを以前よりもよく観察して，よいところ探しが上手になり，ほめ上手になったように思います。⑱ クラスの壁面に大きな木を描いた紙を貼りつけて，毎日2人ずつ子どものよいところを発表した後，その内容を葉っぱに書いて飾っていきました。1～2か月経つとクラスの雰囲気がやわらかくなり，子ども達同士でほめあう姿も見られるようになりました。もちろん，のり君にもこれをしましたが，驚くほど効果があり，みんなにほめられてうれしそうにニコニコしていました。

　のり君は朝の挨拶や歌，朝の会に参加できず，ずっとお気に入りの玩具で1人遊びをしていました。あるとき，他の子ども達と同じように最初から最後まで朝の会で座って参加できたので，そのことを大

専門家のアドバイス

⑮ ここから，最初の目標は保育士が"してほしいこと"であったことが想像できます。だいたいできること（75％）からスタートしましょう。

⑯ 何度も同じ声かけをされると，子どもは嫌になり，保育士の働きかけを拒むことが出てきます。声をかける回数を決めるのも1つでしょう。

⑰ ここでも目標の立て方が"苦手な行動"か"困った行動"に該当します。目標の設定はよく考えてください。自分や子どもを苦しめないためにも。

⑱ 子どもの宝探しは対象児だけでなく，クラスの子ども達のよいところを探すことになり，保育士には課題が増えることになりますが，やってみると子ども達やクラスの雰囲気が変化していき，おもしろいと思います。

げさなくらいにほめ，みんなの前でこのことを発表し，葉っぱに書いて飾りました。すると，次の日から嘘のように，クラスの友達と一緒に朝の会に参加するようになりました。㉙のり君には，朝の会に参加できるように様々な声かけや援助を工夫してきましたが，ほめたことを形にして飾ったことが一番ぴったりあっていたようです。

　毎日毎日，同じ場面でほめることを大切にしながら関わると，できなかったことがごく自然にできるようになることが㉚，私はとてもうれしく思いました。うまくいかないときもありましたが，観察記録を振り返りながら自分の関わりを反省したり，援助を工夫したりと，自分の保育を見直してのり君にあった援助を見つけ出すよいきっかけになりました。

　今回の実践とクラス運営を両立することに少なからぬ不安を感じて取り組みましたが，目標を決めて，長い期間，模索しながら関わっていくと，のり君にあった声かけや援助方法を見つけることができました。また，障がい児に関することだけでなく，保育士としての本質も学べたのではないかと思いました。今まで，子どもをほめてはいましたが，それが偏っていたり，できないことについ目がいってしまうこともありました。㉑保育の中で"ほめる"ことを意識すると，今まで見えなかった子ども一人ひとりのよいところをたくさん見つけることができました。ほめることによって，私だけではなく友達同士でほめあう姿も見られるようになり，クラスの雰囲気も明るく落ち着いたように思います。㉒

専門家のアドバイス

㉙これは偶然かもしれませんが，偶然を引き寄せるだけのものが蓄積されていたと思います。また，みんなの前で積極的にほめたのもすごくよかったと思います。子どもの変化は何がきっかけになるかわかりませんね。

㉚そうですね。ごく自然にできることが不思議なくらいですね。

専門家のアドバイス

㉑あなただけではないと思います。

㉒個別的な対応にとどまらず，クラス全体に広がることはまれではありません。

専門家のアドバイス：まとめ

❶この事例については，身の回りのことを目標としているものの，ステップ２に該当すると捉えたほうがよいでしょう。だいたいできていることからややはずれていることと，「お皿に手を添える」「遊びを切り上げて手を洗う」には，保育士が"してほしいこと"という気持ちが隠れているように思います。事例によってはステップ１になることもあり，目標設定の難しさが感じられます。

❷保育所での生活の流れや生活の仕方はほとんど決まっているため，時間の流れにそって保育士が対応しますが，このとき，子どもに提案したり，確認するとよい場合があります。このあたりは子どもの理解度と密接に関係してきますが，この事例は，これが功を奏していると思います。一度，試みてください。

第3章 実際にやってみよう

D 年長事例①
― 5歳・女児　あきちゃん ―
いろいろな視覚的手がかりを与えて
行動できるようになった例

- **障がい名**：不明
- **子どもの特徴**：あきちゃんは何となくぼんやりしており，気持ちが読みとりにくいところがありました。穏やかな子どもですが，マイペースで1人が好きでした。身の回りのこともゆっくりするので時間がかかってしまい，次の活動にいつも遅れていました。
- **クラスの状況**：男児11名，女児11名，計22名のクラスで，加配対象児2名（1名はあきちゃん），クラス担任1名，加配保育士1名です。クラス全体に幼い感じを受ける子どもが多く，個別的な配慮を要しています。

ステップ1　①給食後エプロンとナフキンを10分以内での片づける，②登所してすぐ身支度をする，③短い時間で身支度をする

着目すべき発達状態　片づけ，身支度

観察開始時点と観察終了時点での子どもの状態

	項目	平成X年6月時点の状態	平成X+1年1月時点の状態
発達状態	食事	偏食はない。箸を上手に使って食べ，時間はかからない。	偏食はなくよくお代わりをする。友達と会話をしながら食事をしている。
	排泄	自立している。促されると尿意がなくてもトイレに行こうとする。	自立している。ぎりぎりまでトイレに行かないのでときどき失敗することがある。
	着脱	自分でできる。	自分でできる。
	言語	簡単な会話はできるが，質問に答えなかったり，反対のことをいったりすることが多い。言葉は理解しているが，会話は一方的でかみ合わないことがある。	保育士や友達とよく会話をする。ときどき事実でないことをいう。会話は一方的なことがある。
	対人関係	1人遊びが多く，ときどき友達と関わることがある。	気の合う友達と遊ぶことが多く，ときどき，1人遊びをする。
	集団	集団で話を聞くときやルール遊びをするとき，理解できずボーっとしていることがあり，行動の遅れることが多い。	集団で話を聞くとき，前列に座ると集中しやすい。理解できる部分とできない部分があって行動は遅れやすい。
好きな遊び		描画，あやとり，一輪車，縄跳び。	描画，絵本，フラフープ，踊り，泥団子作り。

項目	平成X年6月時点の状態	平成X+1年1月時点の状態
安心できる場所	特にない。	特にない。

援助の経過

ステップ1-❶

援助場面 給食後の片づけ
援助目標 給食後にナフキンとエプロンを10分以内で片づける。
援助方法 ①時計を見て時間を意識させる。
②何分までにできそうか時間の目安を示す。
③注意がそれたら言葉をかける。
④片づけたら時計を見て一緒に確認する。
⑤片づけができたことをほめる。

■6月

　給食は他児と同じペースで食べ，食欲もあってお代わりをしています。食べ終えて食器の片づけまではスムーズですが，その後，友達の様子や壁面を見て20分あまりぼんやりしています。あきちゃんには食器の片づけまでが給食の区切りになっているようで❶，自分の席でエプロンをしたまま立っています。そこで時間がわかるように時計を使って行動を促すことにしました。❷時計を指さして「今，長い針が○だね」「(長い針が) 何までにできるかな」と言葉をかけることにしました。すると，援助場面以外でも自分で時計を見るようになったり，保育士の顔を見て後片づけを思い出すようになりました。時計を見て，後片づけの開始と終了時間を意識させたり，目安を示すようにしたりしました。❸ぼんやりする時間が次第に短くなり，5分以内で後片づけができる日が増えました。あきちゃんはスキンシップがうれしいので，ほめるときは抱きしめ，ほめられると目を輝かせて笑顔を見せたり，うれしそうに顔をすりよせたりするようになりました。

■7月

　毎日，同じ場面で関わるようになってから，保育士の顔を見るとハッとして時計を見たり，片づけの続きをするようになりましたが，保育士がクラスに行くまでは今まで通り，ぼんやりしており，言葉を

専門家のアドバイス

❶これがあきちゃんの食事場面のわかり方なのでしょう。

❷いわゆる視覚支援ですね。

❸〈始まり―終わり〉の区切りは大切ですね。

かけないとそのまま遊んでしまうこともありました。❹あきちゃんの様子を見ていると，"速い""遅い"という時間の感覚はわかりにくいのではないかと思いました。❺そこで，時計表を作って時間を絵で示すようにしました。数や文字が読めるので何分までが速いのか目安を示すようにして，その部分に好きな色を塗り，いつまでに片づけたいか自分で決めてやる気がもてるようにしました。そして，終了した時間にリボンや花丸を描いて印をつけるようにしました。時計表を作ったところずいぶんやる気になり，自分で印をつけることを楽しみにするようになりました。❻次の日には表を見て，「今日はここまでに（片づけを）する」と決めるようになりました。毎日の結果を目で見える形に残すと，次の行動につながりやすくなりました。遊びの中でも〈速い―遅い〉を区別できるような言葉かけを心がけました。例えば，得意な縄跳びをしているときに「今，速かったね」，シャボン玉遊びで「ゆっくり吹くと大きくなるね」など，動作や動きと言葉を結びつけて速さを感覚的に知らせていくようにしました。特にあきちゃんの行動に，「速いなあ」「遅いね」などの言葉をかけるとやる気になることが多くなりました。❼

■8月

　給食後のナフキンとエプロンの片づけが短時間でできるようになると，それだけにとどまらず，その後の歯磨きや着替えまで急いでするようになりました。片づけや身支度の中でどこを区切りにしているのかわかってきたので，目標を替えて，区切りの最後にほめて満足感や達成感を味わえるようにしました。しかし，保育士がそばにいても集中が途切れたり，他のことに注意がそれたりして時間がかかることはあります。毎日，同じ片づけでも当たり前ではなく，同じように励ましたりほめたりすることがやる気につながっていきました。❽

■9月

　夏期の合同保育からクラスでの保育に戻ると，元の生活に慣れるまでにまた時間がかかりました。❾あきちゃんが変化に対応できるようになった頃，運動会の取り組みが始まり，遅れがちなあきちゃんを急かすことが多くなってしまいました。しかし，給食後の場面だけは，いつも同じ対応を心がけていたので，片づけの後で自分から抱きついてくることが増えました。運動会の練習や気持ちの問題もあり，しばらく抱っこしてほしいと甘えたり，おんぶを求めることもありました。こういうときは，求めに応じてたっぷりとスキンシップをとると

専門家のアドバイス

❹あきちゃんには，まだまだ時間が内在化せず，"保育士"が行動を促している段階ですね。

❺目に見えないものは，きっとわからないでしょう。それでわかりやすくしたのが時計表ですね。

❻視覚的にわかりやすく工夫したことが意欲につながっていますね。

❼ここは生活や遊びの場面を積極的に使って言葉と動きを結びつけていますね。きっと身についた言葉の学習になったと思います。

専門家のアドバイス

❽状況は大きく変わらなくても，あきちゃんの内的な状態が変わっていると，"いつもと同じではない"ことになるでしょう。

❾状況が変わると戸惑ったり，わかりにくくなることがわかります。これもあきちゃんなのでしょう。

同時に，速くできたことだけではなく頑張りをほめました。⑩ 運動会を終えて自信がついたためか，片づけに時間がかからなくなりました。速くできるようになっても抱っこやおんぶを楽しみにしており，今まで通り応えるようにしていきました。

> **専門家のアドバイス**
> ⑩あきちゃんの場合，こういうフォローがあってこそ，ほめたり，励ますことで意欲的になれるのだと思います。

ステップ 1-❷

援助場面	登所時
援助目標	登所してすぐ身支度をする。
援助方法	①時計を見て時間を意識させる。 ②本人が時間を決める。 ③身支度が終わったら時計を見て一緒に確認する。 ④身支度できたことをほめる。 ⑤時計表に印をつけるところを見守る。 ⑥一緒に結果を振り返る。

■ 8月

　登所してもすぐ動けず，しばらく下駄箱の前に立ったままいつもぼんやりしていました。保育室でも身支度できず，ふらふらしたりぼんやりしたりしています。そのため，身支度を終えるまでに30分くらいかかりました。2階の保育室まで行けるように「競争だよ」と言葉をかけたり，手をつないで一緒に階段を上りました。保育室に入っても遊びたい玩具があったり，友達が遊んでいて身支度しようという気持ちになりません。この頃，あきちゃんが時計の絵本を気に入り，毎日読んでいたので，この絵本を元に時計を作ることにしました。⑪ こうすると時計に印をつけることを楽しみに取り組むようになりました。しかし，身支度を忘れて遊び始めることがしばしばあり，身支度の手順を絵で確認できるようにすると，忘れることが減っていきました。⑫

> **専門家のアドバイス**
> ⑪あきちゃんの興味や関心に沿って工夫している点がよいですね。また，夏前に時計を作ったことが興味・関心をひいたとも理解できます。
>
> ⑫いろいろ視覚的な手がかりを与えて理解を促しています。

■ 9月

　月曜日は身支度する物が多く，休み明けでいつも以上にボーッとしているので時間がかかっています。持ち物を玄関や階段に落としても気づかなかったり，保育室のあちこちに置いて忘れることが増えていきました。そこで，持ち物を写真に撮って手順表を作り，あきちゃんのロッカーの近くに貼っていつでも見られるようにしました。⑬ ぼんやりしているときに言葉で促しても反応しませんが，目で見たり，ほめると反応が見られました。身支度に時間がかかっても，時計表に印

> **専門家のアドバイス**
> ⑬ここでも視覚的な手がかりを与えています。

3-D 年長事例①

をつけることは楽しみにしていました。印が多くなると塗り絵のようにすべてに印や色をつけたがり、「遅くやってここにも色を塗りたい」というようになり、身支度を終えた時間や過去の記録を振り返るという意味がなくなってしまいました。⑭ しかし、友達と一緒に印をつけることを楽しみにしていたのでしばらく続けていきました。

　10月頃には、15分足らずで身支度できる日が増えていきました。休み明けや週末などはぼんやりしたり、下駄箱の前に立っていることはありますが、あきちゃんは変化や成長がゆっくりしているので根気よく取り組んでいきました。

> **専門家のアドバイス**
> ⑭同じ時計表をもう一枚準備して、そちらは保育士が管理してもよかったかもしれません。

ステップ1-❸

援助場面	降所準備
援助目標	短い時間で身支度をする。
援助方法	①時計を見て時間を意識させる。 ②何分までにするか自分で決める。 ③身支度を終えたら時計を見て一緒に確認する。 ④身支度ができたことを大いにほめる。

■10月

　給食後の片づけと同様に、おやつを食べ終えるとぼんやりしています。友達が降所準備をしていても、クラスのみんなが集まっていても、急いだり慌てることはありません。⑮ そのため、時計を見るように促したり、「長い針が何までにできるかな」と言葉かけをしていきました。すると、給食後の片づけのことを思い出して、急いで身支度をして抱きついてくるようになりましたが、見守りがないと身支度が始められなかったり、途中で気がそれることもありました。⑯ 毎日、言葉をかけると身支度しようとしたり、急ごうとしたりするので、身支度の途中でもていねいにほめるようにしました。

■11月

　こうして身支度の時間が短くなり、保育士がクラスに行く前に身支度をすませている日もありました。保育士が驚いてみせると、得意になって報告したり、友達が知らせてくれたりすることもありました。必ずほめることを忘れないようにしましたが、抱っこは求めないこともありました。週末は身支度が多いので、途中で気がそれたり、別のことを始めて集中の続かないことが多く、週の中頃は見守って、週末

> **専門家のアドバイス**
> ⑮友達を見ても何をしているのか、あきちゃんには意味づけにくかったのでしょうか？
>
> ⑯〈保育士―身支度〉という関係で動いていた可能性があり、それだけ状況が読みにくく、一方で、保育士の存在が大きかったと思います。
>
> ⑰持ち物の量によって対応を変えており、こういうことも必要でしょう。

はほめたり励ましたりするように心がけました。⑰

関わりを振り返って

　あきちゃんとの関わりを振り返ってみて，今思えば，私が子どもの自立や成長を急ぎすぎて，あきちゃんのことがよくわかっていなかったのだと思いました。というのも，あきちゃんは年長から加配対象児になったので，できるだけ集団に入れてあげたいと思ったからです。保育所には集団での活動やいろいろな行事があり，このプログラムの"いつもの場面で　いつもの人に　いつも笑顔で　いつも関わってもらう"ことを実践するのは，簡単そうで意外に難しいことがわかりました。しかし毎日，記録をとることであきちゃんの内面への理解につながったと思います。⑱

　毎日，同じ場面で観察すると，今まで見えていなかった部分がたくさん見えてきました。あきちゃんは，全体的に行動がのんびりしているのだと思っていました。しかし，毎日関わると，みんなと同じペースでできることと遅くなってしまうことがあることに気づきました。ただぼんやりしていると思っていましたが，友達の様子を見たり，壁面の文字を読んでいることもありました。集中し続けることが難しいことや，あきちゃんなりの時間の区切り方があることもわかり，"マイペース＝のんびり"ではなく，"あきちゃんのペース"だと思いました。他にも，普段の遊びや会話から，スキンシップをとることが愛情を感じやすいことに気づきました。⑲そのため，ほめるときに言葉をかけるだけでなく，抱っこやおんぶをして気持ちを伝えていくようにしました。

　時計表を作り，時間を目に見えるようにしたことは，あきちゃんにとってわかりやすくてよかったと思います。援助場面以外の生活や遊びの場面でも，視覚的に示したほうが理解しやすいのかと思い様々な工夫をしましたが，すべて目に訴えるのではなく，耳からのほうが反応のよいものもありました。時間は感覚的な部分が大きいので，遊びながら体や動きとともに感じとれるようにしました。他にも，数を数えたり，好きな曲を歌う方法も時間を感じやすいようでした。⑳１つの場面で毎日関わると，より深く理解することができ，今まで私がしてきた援助や言葉かけが本当にわかりやすいものだったかを再確認することになりました。㉑

　あきちゃんはのんびりしているので，登所や降所の身支度に時間が

3-D 年長事例①

専門家のアドバイス

⑱具体的な行動（外的側面）を通して，こういった内面への理解（内的側面）に至ることも少なからずあります。

専門家のアドバイス

⑲あきちゃんのわかり方や感じ方がわかってきて，より適切な関わり方になっていったようですね。

⑳時間をどのように外在化させるか，ここはいろいろ腐心されたようです。

㉑あきちゃんへの理解に基づいて，自分なりの仮説を立てて，実践で検証されたようです。貴重な体験だったと思います。

第3章 実際にやってみよう

かかると，今までは思っていました。㉒ しかし，保育所での生活も3年目で，当然，身についていると思っていた身支度を忘れることが多く，月曜日や金曜日など，身支度する物が増えると戸惑っていました。毎日，繰り返しているから身につくわけではなく，1日1日が途切れていたり，変化に戸惑っているようでした。こういうあきちゃんを見ていると，他の子ども達よりも時間をかけて繰り返すことが必要なのかもしれないと思いました。

　あきちゃんは穏やかでマイペースだと思ってきましたが，怒ったり，泣いたりはしないものの，気分や気持ちの乱れは行動に表れていました。あきちゃんへの理解が深まるにつれ，捉え方も変わっていきました。今までは集団行動から遅れることが多かったので無理に急かしていましたが，次第に，気持ちを受け止めたり，ペースにあわせる余裕ができました。㉓ それは言葉かけや関わり方にも自然に表れていたと思います。

　この実践を通して，身の回りのことという1つの場面から，とてもたくさんのことが見えてきました。今まで"当たり前"だと思っていたことや日々の何気ないことが，とても大切なのだと気づかされました。そして当初の目的だった，私自身があきちゃんのことをもっと理解するということにつながっていきました。また，"年長だから""就学前だから"ということに私がとらわれていたことにも気づきました。集団の中で困っているときは手助けが必要で，困っていないときは集団の中へ入れようとしていました。個人として1対1の結びつきが弱く，本当の意味での信頼関係ができていなかったのだと思います。㉔ この実践で，人と関わる楽しさが基本であり，甘えではないかと遮らず，子どもが求めることは基本的に受け止めてよいことを学びました。㉕ 日々の積み重ねが，私と子どもの信頼関係につながっていくのだと実感することもできました。

> **専門家のアドバイス**
> ㉒あきちゃんののんびりさ，ぼんやりさの具体的な中身や違いが，実践を通して次の文章のようにわかってきたようですね。

> **専門家のアドバイス**
> ㉓このことが実践を通してわかってくると，子どもにうまく付き合えると思います。

> **専門家のアドバイス**
> ㉔発達障がいをもっている多くの子どもにこのことがいえると思います。だからこそ，当たり前の日常を大切にしていただきたいと思います。

> **専門家のアドバイス**
> ㉕その通りだと思います。人は人によって育てられるのではないでしょうか。

専門家のアドバイス；まとめ

❶わかりにくいお子さんだっただろうと思います。具体的な場面を通して，あきちゃんの理解の仕方を適切におさえているように思いました。一般的には，視覚的理解が優位ですが，聴覚的理解もあることなどはなかなか気づけないと思います。それを関わりに生かしている点が非常に印象的でした。

❷この事例は，日常生活そのものを援助場面にしているといってもよく，行動と言葉を結びつけている点も，あきちゃんにはわかりやすく，身についたのではないかと思いました。子どもの生活と学びが切り離されがちですが，毎日繰り返される生活の場こそ，子ども達が深く学べる機会であり，場でもあると思います。

年長事例②
―5歳・男児　とし君―
事実を伝えて理解を促し困った行動がなくなった例

- **障がい名**：自閉症スペクトラム障がい
- **子どもの特徴**：友達を引っ掻いたり，噛みついたりしますが，それも以前あったことを思い出してのことがしばしばあります。そのため事前に止められず，トラブルのときも止めると大声を出して騒ぐので，クラスの友達からはうとまれていました。その他に，1番への強いこだわりがあります。
- **クラスの状況**：男児15名，女児6名，計21名のクラスで，加配対象児は3名，他に気になる子どもはとし君を含めて6人くらいいます。クラス担任1名，加配保育士1名，計2名で対応していますが，クラスは男女比がアンバランスで，幼い男児が多くて騒々しいクラスです。
- **ステップ1**　コップ，タオル，歯ブラシ，帳面を決まったところに置く
- **ステップ2**　食べ残しがないように食べる
- **ステップ3**　保育士がそばにいて事実を伝えて理解を促す
- **着目すべき発達状態**　身支度，給食，対人関係

観察開始時点と観察終了時点での子どもの状態

項目		平成X年6月時点の状態	平成X+1年1月時点の状態
発達状態	食事	箸を使うが不器用で食べこぼしが非常に多い。偏食はない。	口の周りに汁物などがよくついている。偏食はなく箸で食べる。
	排泄	排尿は自立しているが，排便は後始末できないので手伝う。	排尿排便ともときどき失敗することがある。
	着脱	小さいボタンや袖を裏返すことは手伝うがほかはおおよそできる。	袖の裏返しができるようになり，たたんでしまえる。ボタンの掛け間違いはよくある。
	言語	舌足らずなところはあるがよく話す。一方的なこともあるが会話も成立する。よく大きな声を出す。	「えーっと」「あのう」など，言葉がすぐに出てこないことが多く，発音の誤りもある（例：がんばる→ばんがるなど）。
	対人関係	特定の子どもと関わりたがるが，急に顔をつまんだり，無理に引っ張るので嫌がられる。前のことを思い出して急に叩いたり引っ掻くことがある。	好きな友達が数人に増えて，降所後，一緒に遊ぶことがある。

第 3 章　実際にやってみよう

項目		平成 X 年 6 月時点の状態	平成 X+1 年 1 月時点の状態
発達状態	集団	ジャンケンゲームなど，集団遊びは好きだが負けると怒り出す。	遊びのルールがわからないので補助は必要だが，双六，ドッジボールなどを喜んでやっている。
	好きな遊び	戸外ではリレーをやりたがり，遊動板，虫探しが好き。他にレゴブロック，紙の剣作り，積木のドミノなど。	ドッジボール，追いかけっこ，渦巻きジャンケン，双六，レゴブロック，とんとん相撲，指相撲，しりとり。
	安心できる場所	自分のクラス。	自分のクラス，担任や加配保育士のそば。

援助の経過

ステップ 1

援助場面　登所後の身支度
援助目標　コップ，タオル，歯ブラシ，帳面を決まったところに置く。
援助方法　①保育士がそばにいて，気がそれそうになったら直前に体をそっと押して戻したり，声をかける。
②行く先々で絵カードを提示し，次の動きをわかりやすくする。
③1つ1つを大げさにほめる。

■6月

　大好きなポケモン，他児の話し声，室内のいろいろな物など，保育室に入ると気になることが非常に多く，注意がそれてなかなか身支度に集中できませんでした。そこですぐそばについて，気がそれそうになったらすぐ身支度に戻すことを続けました。身支度の手順表とご褒美カードを作ってできたらシールを貼ることにし，保育士が少し背中を押して促してできた日でも，「手伝わないとできなかった」でなく「ちょっとだけ手伝ったらできてえらかったね」とほめるように心がけてシールを貼るようにしました。❶

■7月

　クラスの友達がセミやカナブン，カブトムシなど，虫を持ってくるようになり，とし君は身支度どころではありませんでした。するべきことはわかっているのですが，周りの刺激にとても弱いことがよくわかりました。❷それでも機嫌よく身支度できたときは，担任が他の職員にとし君の様子を大きな声で報告しました。❸とし君は大げさにほ

> **専門家のアドバイス**
>
> ❶できないほうに目は向きやすいものですが，ここは肯定的に捉えて評価している点が非常によいですね。見習いたいものです。
>
> ❷これはとし君のわかり方です。
>
> ❸他の先生に向けてほめるのも1つのほめ方で，他の先生にもほめてもらえる機会を作ることになりますね。

めてもらうととてもうれしそうな表情でした。登所後の身支度を繰り返し伝えても，日によって全くできないときもありました。他害行為を防ぐためにギュッと抱きしめたことから，この頃より「みさ先生，抱っこして！」「おんぶして」とせがむようになり，それに応じています。

■ 8月

　身支度も部分的にできることが増えてきたので，「ここは1人でできたね」とその部分をほめたり，「先生はここでちゃんと見てるから」と少し離れたところから声をかけたり，その日の機嫌や動きを見て大丈夫と思ったら，最後の部分は「お外で待ってるから頑張ってね」とあえてとし君に任せました。❹「とし君，えらい！」「早いね！」など，1つ1つほめると張り切ることもありました。❺虫がいたりすると，いったん，身支度は止まるものの，「お支度が終わったら見せてね」と伝えると，注意がそれても長引かなくなりました。おしゃべりはしますが，気持ちがそれたままになることはなく，自分で身支度を終えられるようになりました。

> **専門家のアドバイス**
>
> ❹本人に任せるべく少しずつ距離をとっていることがわかります。うまいですね。
>
> ❺最後にまとめてほめるのではなく，できたことを1つ1つをほめると，子どももやる気が出るでしょう。まだ部分的なでき方なので，こういう場合は，いっそう効果的だと思います。

ステップ2

援助場面	食事
援助目標	食べ残しのないように食べる。
援助方法	①食べ終えた後の食器を確認して，「きれいに食べられたね」とほめる。 ②まだ残っているときは「このご飯をきれいに食べようね」など，具体的に指摘して声をかける。 ③必要に応じて手を添えて集める。 ④きれいに食べたことをほめる。

■ 9月

　以前から食器にご飯粒や野菜などが残っていないように働きかけていましたが，残ったままでも気にせず片づけています。自分できれいにできなくてもよいので，食器に残っていることに気づいてきれいにしてから片づけてほしいと思いました。隣で食事をするときは，とし君が席を立つ前に「このニンジンをきれいにしようね」や「ピカピカに食べられたね！えらかったね！」など，言葉をかけられます❻が，離れたテーブルで食事をしたときは確認がおろそかになっていました。いったん，片づけようとしているところで戻そうとすると，とても不

> **専門家のアドバイス**
>
> ❻確かに，こういうタイミングが大切ですね。

第3章 実際にやってみよう

機嫌になるので対応の難しいことがあります。❼ガチャガチャと箸でかき回して「取れない！」というので，「ご飯を見ながらゆっくり『おいでおいで』するといいよ」と伝えたり，一箸すくえばよい状態まで保育士が集めることもありました。❽献立によっては自分できれいに食べられる日が週2日くらいに増えて，「とし君，ピカピカだね！まる！」とほめるとうれしそうにしていました。

■ 10月

うまくいかないと，「できない！」「みさ先生，とれない！」と保育士に助けを求めるようになってきました。❾ある日，野菜がついたまま片づけようとしたので，「とし君，きれいになった？」と聞くと，「うん」と答えながらも，"どうもきれいじゃないなあ"という表情になりました。「ちょっとお手伝いしてあげるね」というと，素直に「うん」と答えました。❿"きれいになった"と"まだついている"の区別が，この頃，自分でわかるようになってきました。1週間のうち，きれいに食べられる日，保育士の言葉で気づける日，手伝いを求める日が，それぞれ1～2日くらいになりました。

■ 11月

とし君に直接いうのでなく，近くの友達に「とし君，お皿がピカピカだね！」などと声をかけたり⓫，とし君から助けを求めてきたら，自分で気づけたことをほめるようにしました。一番に食べ終わりそうなとき，食べ残しがあることをいうと，友達に"抜かされる"と思って不機嫌になり，箸を雑に動かすのでよけい食べ残しがうまく集められないことがありました。「きれいに食べられる子が一番えらいんだもんね。とし君，ピカピカでえらいね！上手に食べたね！⓬」などと声をかけました。こうして自分できれいにできる日が1週間続いたり，きれいにできなければ助けを求める日が多くなり，次第に，「おれ，ピカピカ？」「これでいい？みさ先生」と自分から食器を見せるなど，うれしそうな表情の日が増えました。

ステップ3

友達が嫌なことをいったり嫌なことをしたと，突然怒り出して，「なんでとし君に『ばか』っていう！」と，友達に突っかかったり，引っ掻いたりすることがあります。これは入所した頃から見られ，1日数回のこともあれば1週間起こらないこともあります。

専門家のアドバイス

❼子どもは注意されたり，やり直しさせられることをひどく嫌います。その前に先手を打つ必要があります。

❽どのように箸を扱うとうまくご飯を摘まめるのか，それを生活の中で教えてもらっていないようですね。したがって，当然，どのようにするとよいか，わからないと思います。そういう意味では，このようにかなり具体的に教えていく必要があったでしょう。

❾自分勝手にしていたとし君が，保育士に助けを求められるようになってきました。困った行動が減っていくときの必要条件でもあります。

❿以前ならどういわれても腹を立てていたでしょう。このように保育士の提案を素直に受け入れられるようになってきたことがわかります。

⓫周りの友達には直接的に，とし君には間接的に，ほめていますね。これができるほどにとし君も理解が進んできたようです。

⓬ここでは一番速いことがよいのではなく，何が大切なのかを伝えています。視点の転換でしょうか？

援助場面	友達に被害的なことをいい出したとき
援助目標	保育士がそばにいて事実を伝えて理解を促す。
援助方法	①生活の様子をなるべく見守り，とし君がいったときの直前の状況をわかりやすく話す。 ②トラブルが起きたとき，とし君のいい分をていねいに聞いて，気持ちが満足できるようにする。

3-D 年長事例②

■6〜7月

　他の子どもに「手をつなごう」と誘って断られると，「さと君が怒った！」といつまでもいい続けていました。砂場で友達が泥んこのことを「うんこみたい」という会話を聞いて，自分のことを「『うんこ』といった！」と思い込み，午後になっても急に思い出して繰り返しいい⑬，相手が「そんなこといってない！」といい返すと，掴みかかろうとすることがありました。男児の中には，すぐカッとするとし君をわざとからかうこともあり，そのときは比較的冷静な男児や女児の話も聞きながら，とし君には「嫌だったね」と気持ちを受け止めたり，「いってないんだって」と事実を伝えました。⑭ 同時に，からかった子どもには，とし君の前で同じようにされたら自分はうれしいと思うかと聞き，双方に"先生はちゃんと見てるよ"ということを伝えるように心がけました。

専門家のアドバイス

⑬これがさと君の理解の仕方であり，かなり歪んだ受け止め方をしています。

⑭保育士がとし君のいったことをはじめに拒否すると，後の言葉は入っていかなかったでしょう。ここはうまいですね。

■8月〜9月

　友達同士がポケモンの話で盛り上がっていたとき，とし君が，突然，「なお君がとし君に『ばか』っていった！」と怒り出しました。そんなときは「『ばか』っていってないよ。大丈夫だよ」と答えた後，とし君に代わって「仲間に入れて」といい，友達に「とし君にもポケモンクイズを出してあげて」と頼んだこともありました。⑮ また，セミをとろうとしても全然捕まらず，たくさん捕まえた友達に，「自分がとろうとしたのをとった！」と何度もいって，相手が「しょうがないじゃん！」といい返すと，「さだ君がとし君に『ばか』っていった！」と保育士に訴えてきたこともありました。「『ばか』っていってないよ。とし君，セミを捕まえたかったね。明日はとれるかなあ」など，ゆったりした口調で何度も応じましたが⑯，食事中，他児に「さだ君がとし君に『ばか』っていった」といったことで，ついにさだ君も怒り出しました。「先生は知ってるよ。さだ君はいってない」とさだ君に伝えた後，とし君に「さだ君は『ばか』はいってないよ」というと，小さな声で「は

専門家のアドバイス

⑮「大丈夫だよ」という言葉が非常に大切ですね。また，その後のフォローも非常によいと思います。

⑯とし君の気持ちを言語化している点，明日へ希望や期待をつないでいる点がよいですね。また話の内容だけでなく，ゆったりした口調で複数回伝えている点も非常にうまいと思います。

第3章 実際にやってみよう

あい」と答えました。また食事中，急に席を立って担任のそばにきて，「のぶ君がやってくる（嫌なことをしてくる）」といいました⑰が，のぶ君はいつものように食事をしていたので，「のぶ君，ご飯を食べてるよ。何もしないよ」と伝えたものの，「やってくる，やってくる」といい続けました。

　この種の思い込みでつかみかかることが週に2～3回あり，一度始まると1日数回起こることもありました。とし君は知的な遅れもあり，語彙が乏しいので具体的な内容がいえずに「『ばか』っていった」「やってくる」といっているのか，それともとし君自身がいわれてきたのか。保育士は相手の子どもがいったことをわかりやすい言葉で，とし君に正しく伝え直すようにしました。同時に，テラスを歩いているとし君に「走らずに上手に歩けてえらいね」とほめたり，いい争いになっても手を出さなかったとき，「お口でいえて，先生はうれしいよ」と抱きしめたり，困った場面だけでなく，本人が頑張っているところを捉えてはほめるようにしました。⑱

■ 10月～11月

　自分が座りたかったところに他の友達が座ったり，自分に給食を早く配ってくれないなど，とし君にとって嫌なことがあったとき，泣きまねをするような感じで保育士に訴えてくるようになりました。⑲ 事実と異なることを訴えてくることは週に3～4日あり，回数としては増えました。これも"自分は被害者だ"と訴えて，慰めてほしい，甘えたいといった気持ちなのだろう，と思いました。嫌なことの直後につかみかかったり，引っ掻くことはずいぶん減ったので，「怒らなかったからえらかったね」と，その都度，ほめました。同時に，とし君の話をていねいに聞いていくと，自分のいったことが違ったとわかり，「間違えちゃった」と認められることも増えてきました。⑳ 保育士に巻きついてきたり，背負われてくることはまだ1日数回ありました。並んでいる列に明らかにとし君が割り込んだときは，「それはバツです」とはっきりいうとともに，とし君の場所を教えて一緒に並ぶようにしました。㉑ また指相撲を覚えて何度もやりたがり，相手をするとおんぶや抱っこの回数が減っていきました。㉒

　"誕生日"と"誕生会の日"の区別がよくわからず，それをクラスの友達に指摘されて怒ったことはありましたが，これは当然の怒りだと思いました。しかし，説明しても理解するのは難しそうだったので，ここは気分を変えることにしました。指相撲も降所時にお迎えを待ちながらするようになり，いつも求めてくることはなくなりました。お

専門家のアドバイス

⑰相手の子どもに直接手を出さなくなっているので，とし君が変わってきていることがうかがえます。

⑱こういう地味な働きかけがあったからこそ，とし君は先生のいうことを素直に受け止められるようになったのだと思います。

専門家のアドバイス

⑲自分の中の否定的な思いや気持ちを保育士に伝えられるようになった点が素晴らしいと思います。心の成長でしょう。

⑳こうして困った行動はずいぶん減っています。とし君も自分の誤りを受け入れられるようになっており，大きく成長しています。

㉑今までていねいに接しているので，ここは明確に伝えてもよいでしょう。むしろ，そのほうがとし君には伝わりやすいと思います。

㉒いつまでも抱っこやおんぶを求めてくるわけではなく，保育士の求め方が変化しています。1つずつゆっくり卒業していることがわかります。

んぶや抱っこも週に1〜2回，思い出したように求める程度になりました。「みさ先生〜！」と，毎日，訴えてくることは少なくありませんが，他害行為は12月に入って以降起きていません。㉓

関わりを振り返って

　4月当初，このクラスを受けもって，私にとっての困りごとはとし君が身支度ができないことでも，靴を反対に履くことでもなく，突然，友達を引っ掻いたり，跳びかかって叩くことでした。クラスの友達にも，そんなとし君を"引っ掻く子"といって，ちょっと見下すような雰囲気があるのも嫌でした。自分の気持ちを伝えるのに，相手に受け入れられるような方法とそうではない方法があることを，とし君にわかってほしいという思いで関わり始めましたが，結局，私がとし君を理解するほうが先だということがわかりました。㉔

　登所後の身支度や靴を正しく履くという一見些細なことを，毎日毎日，寄り添って関わってきました。そうして私が気づいたのは，"困った行動のときにはしっかり見ようとするけれど，普段の何でもないときには表面的にしか見ていなかったなあ"ということでした。コップ1つ出すにも，"今日のとし君ってこうなんだ"と日々発見がありました。㉕そして，援助場面だけはとし君のために使ってほめたり，励ましていると，クラスの友達もその様子を見てほめてくれるようになりました。㉖

　夏の昼寝のとき，「背中をガリガリして」と求めてきたり，暑いときでも抱きしめると素直に喜ぶなど，とし君への直接的な働きかけも効果的でした。やがて抱っこを求めることが増え，「抱っこは10まで。あとはおんぶだよ」というと，おんぶでも納得してくれました。こうしてとし君はこちらの提案を素直に受け入れてくれるようになりました。㉗しかし，首をしめるような背負われ方で，"慣れてないなあ……"とつくづく感じ，またとし君の一面に気づいた思いがしました。私が姿勢をかがめるとすぐ背中にのり，立っていてもよじ登って抱っこされたがりました。入所前に家庭でいろいろな事情があって十分甘えることができなかったのでしょう，今になって甘えることを覚えたように思いました。

　こうして関わってくると，とし君自身も，困ったときや助けてほしいときには，そばに人（＝保育士）がいるんだとわかったようでした。㉘嫌なことがあったとき，相手を叩いたり，引っ掻いて，後で自分も叱

専門家のアドバイス

㉓子どもが困った行動をどのように卒業していくのか，これがわかると安心して取り組めると思います。

専門家のアドバイス

㉔"困った行動を何とかしたい"というのは誰もがそうですね。だからこそ，日常的な場面で子どものことをよく理解することがいっそう大切だと思います。

㉕こういう気づきが具体的な関わりにつながっていくと思います。

㉖周りの友達は保育士の関わり方をよく見ていますね。自分の姿勢や態度は気をつけたいものです。

㉗今までの積み重ねがあるので，保育士が条件を出してもとし君はそれを受け入れていますね。こういうことも大切だと思います。

第3章 実際にやってみよう

られるより，保育士に助けを求めるようになってきました。"信頼関係"と言葉でいうのは簡単ですが，それを築くための具体的な方法がこのプログラムを実践してわかったように思いました。

　知的な遅れを伴う自閉症スペクトラム障がいというハンディに加え，十分甘えられない状況で育ち㉙，とし君自身もどのように自分を表現したらよいのかがわからなかったのでしょう。夏から秋にかけて毎日おんぶしていたとき，「しょうがないじゃん，みさ先生，おれおんぶしてほしいだもん」というとし君の言葉が忘れられません。また最近，「とし君が怒らなくなって，先生はとってもうれしいなあ！」と私から抱きついたら，「だってねえ，おれ，みさ先生が大好きだもん！㉚」と，ニコニコして答えてくれたのがとても印象的でした。

　研修の中で"毎日決まった人が，決まった時間に，同じように関わる"という話がありました。余談ですが，ある男児は相手を責めることが多く，この子どもにもこのプログラムを少し試してみました。㉛夏の午睡期間中，毎日その子どもの背中をさすったり，カリカリ掻いてあげました。そうするとすんなり寝入っていきました。もちろん，その他にも心がけたことはありましたし，相手を責めることがなくなったわけではありませんが，他のクラスの保育士から「この頃，まな君がかわいくなったね」といわれて，うれしかったことを覚えています。とし君と同じように，また他の保育士にわかるほど変化したことに驚き，このプログラムにしっかりした手応えを感じました。

> **専門家のアドバイス**
>
> ㉘身の回りのことにていねいに取り組んでいくと，このような動きがしばしば出てきます。こうして困った行動が減っていきます。
>
> ㉙さと君の場合，問題が輻輳（ふくそう）に難しくなり，しかも適切に育ててもらえなかったことが背景にありそうです。
>
> ㉚ここに至るまで大変だったと思いますが，この一言で保育士の苦労も報われたのではないでしょうか？こういう関係が子どもの成長に大きな役割をはたすと思います。
>
> ㉛プログラムの対象児をこのように複数にすることも可能です。

専門家のアドバイス：まとめ

❶友達の言動を被害的に受け取ってしまう子どもはいますが，この子どもはそれがかなりひどく，否定的なニュアンスがあるとすべて「ばか」と結びついたようです。思い込みよりもひどく受け取っているように思いました。この子どもへの対応は，ひょっとすると"保育"の範囲を超えていたかもしれません。

❷身の回りのことでも，今までていねいに教えてもらっていなかったのでしょう。保育士がていねいに教えることや，1つ1つをほめること，身体的な触れ合い（抱っこやおんぶ，指相撲）によって，物の扱い方がわかり，また気持ちも満たされて，複雑にからまった糸が1つ1つ解きほぐされていくかのように，困った行動がなくなっていったようです。

年長事例③
― 5歳・男児　とも君 ―

手洗いを通して友達に認められるようになった例

- **障がい名**：不明
- **子どもの特徴**：人懐っこくてよく話をする子どもです。発音がはっきりしないので聞き取りにくいことがあり，思っていることがうまく伝わらないこともあります。ただ，人から指摘を受けると嫌がってやろうとしないことはあります。
- **クラスの状況**：男児16名，女児13名，計29名，そのうち，2名の加配対象児を，クラス担任，加配保育士（加配保育士は2クラスに1名）で保育しています。クラスの雰囲気はよく，周りの子ども達も本児のことをよく理解して対応してくれています。

ステップ1　①保育士と一緒にナフキンをたたんで鞄にしまう，②自分から手洗いをする

着目すべき発達状態　片づけ，手洗い

観察開始時点と観察終了時点での子どもの状態

項目		平成X年6月時点の状態	平成X+1年1月時点の状態
発達状態	食事	芋類，果物が苦手だが少しなら食べられる。箸は下から握って持つ。	苦手な物でも少しなら食べられる。箸は声をかけると正しく持ち直して食べる。
	排泄	ほぼ自立している。シャツをズボンに入れることは苦手である。	排泄後，ズボンにシャツを入れようとするが，うまくできないときもある。
	着脱	着脱はほとんどできるが，裏返しを直したり，脱いだ服をたたむことはできない。	Tシャツやズボンなどはたためるが，長袖の服やスモックはたためない。
	言語	語彙が少なく，発音は不明瞭である。	発音は不明瞭なところもあるが，語彙は増えて友達とよく話すようになった。
	対人関係	特定の友達について遊ぶこともあるが，保育士と一緒にいたり，1人で好きなことをしていることが多い。	好きな友達と一緒にごっこ遊びをして楽しめるようになってきた。自分の思いで遊びを進めてしまうのでトラブルは多い。
	集団	ルールのある遊びは理解できず，集団遊びも参加できないことが多い。	椅子取りゲームなど，簡単なルールの遊びなら参加できる。
好きな遊び		虫探し，スクーター，写し絵，ブロック，虫の図鑑を見ること。	ポケモンごっこ，廃品工作，鉄棒，跳び箱。
安心できる場所		保育室。	保育室。

第3章 実際にやってみよう

援助の経過

ステップ1-❶

援助場面	給食後のナフキンの片づけ
援助目標	保育士と一緒にナフキンをたたんで鞄にしまう。
援助方法	①保育士と一緒にナフキンを半分にたたむ。 ②できたらほめる。

■6月

　最初は衣服をたたむことを考えましたが，「できない」といって，うまくためないのでやろうとはしませんでした。そこで，給食時のナフキンをたたむことから始めてみようと思いました。❶ 初めは保育士が声をかけても，「できない，できない」❷ といってグチャグチャにしていました。それで「半分こ，半分こ」と一緒にいいながらナフキンをたたみ，「できたー！」と喜ぶようになりました。❸ 数日取り組んだだけで得意気に自分でナフキンをたたみ始めました。「とも君。すごいじゃん！」とほめると，隣に座っていたひさ君も「とも君，すごいね，上手だね」とほめてくれました。❹ 友達にほめられたことがとてもうれしくて照れていました。その後，保育士が見ていることを確認してからたたみ始めるようになり，目が合うとニタッと笑ってたたむこともありました。❺ 他児と関わっていると，ナフキンをたたまずに先に歯磨きをしてから，「まり先生，とも君まだたたんでないでーす」と，アピールしてくることもありました。ほめられたくて待っていたのです。❻ ほめられるとうれしいという気持ちが，だんだんもてるようになったのだなあと思いました。

■7月

　この頃には，ナフキンをきれいにたたんで鞄にしまえるようになりました。「とも君，上手にたためるね」とほめると，とてもうれしそうな顔をしています。ナフキン以外でも，夏スモックをロッカーにしまうとき，「まり先生，スモックたたんだよ」と見せてくれました。きれいにたたむことはできませんが，とも君なりに頑張ってたたんだことがわかり，自慢気に見せてくれました。たたもうとする意欲と自分でやったという気持ちを大切に受け止めて，このときは特にたくさんほめました。たためないのではなく，とも君は自信がなかっただけなのだと改めて感じました。

専門家のアドバイス

❶ スタートの目標はこれくらいでも十分です。

❷ 「できない」というのは，"やりたくない" "やり方がわからない" という意味だったのでしょう。

❸ 最初に取り組んだのがナフキンのような簡単な物だったので，うまくいったのだと思います。

❹ 友達がほめてくれたのもタイムリーですね。これでいっそうやる気になったと思います。

❺ とも君にとって保育士の存在が大きくなったことを示しているように思います。一緒にやらなくてもそばにいてくれるだけで頑張れるようになってきました。

❻ "ほめてほしい" "ほめられたい" という気持ちがとても早くから出てきましたね。

ステップ1-❷

- 援助場面 給食前の手洗い
- 援助目標 自分から手洗いする。
- 援助方法 ①手洗いを促して手洗い場へ一緒に行く。
  ②保育士と一緒に手洗いをする。
  ③できたらほめる。

■8月

　給食前に手洗いをしますが，とも君の場合，自分から手洗いに行くときもあれば，床に寝転がったり，保育室をふらふらするときもあります。そのとき，「とも君，手を洗おうね」と声をかけるものの，「ご飯，いらない」「食べたくない」といってなかなか手洗いをしようとしません。❼無理に手洗いに誘わないで様子を見ながら1回，2回と声をかけました。配膳が始まると給食を気にするのでそのタイミングを見て，もう一度，声をかけて手洗いに行くようにしました。❽保育士の声かけですぐ行けなくても，「とも君，手洗えたね。すごいね」と，手洗いできたこと自体を繰り返しほめました。❾給食準備のときは「とも君，一緒に手洗いに行こう！」と，同じような声をかけると，次第に一緒に手洗いするようになっていきました。たまたま保育士が手を怪我して手洗いがうまくできなくなったことがありました。その様子を見て，保育士の手に石けんの泡をのせて手を洗ってくれました。❿とても優しい姿に「ありがとう，とも君」と声をかけると少し照れた様子でした。とも君の手と保育士の手が触れると何ともいえない温かい感じがしました。「気持ちいいね」と声をかけると，うれしそうな顔をしていました。怪我が治るまで，いつも怪我のことを心配してくれました。自分が怪我をするという突然の出来事がありましたが，手が触れ合う温かくも楽しい手洗いの時間を過ごすことができ，とも君との距離がぐっと近くなったような気がしました。

■9月

　7月からの様子を見て，「自分から進んで手洗いする」という目標では負担だろうと思ったので，「保育士と一緒に手洗いする」という目標に変えました。⓫そうするとスムーズに手洗いができるようになりました。その反面，適当に手を洗うようになってしまったので手洗い表を作りました。保育士と一緒に「1，2，3……」と数えながら手洗い表に従って手洗いすることにしました。⓬まだうまく数を数えら

専門家のアドバイス

❼誘いかけや指示・命令には，まず拒否や抵抗するのかもしれません。ナフキンたたみに誘ったときも同様でした。

❽誘うときにはタイミングも大切ですね。よく子どもを見ていないとタイミングよく声がかけられないと思います。

❾たとえうまくできなくても，取り組んだこと自体をほめることは重要です。このやりとりが今後の伏線になります。

❿これはまさしく怪我の功名ですね。こんなことが子どもとの関係を深くしてくれます。

⓫「自分で」と保育士は望みますが，目標が高いと思えば変更してください。大切なのは"やってほしいこと"ではなく，"だいたいできること"です。

れないので，始めは数が飛んでしまったり，最後の「きゅう〜」だけ元気よくいったりしていましたが，数を数えると楽しく手洗いができるようになり，ていねいに洗えるようになりました。❸9月中旬，「まり先生，手を洗おう」と初めて誘ってくれ，手洗いを通してとも君と通じ合えた感じがしました。その後も手洗いに誘ってくれることがあり，数日後，1人で手洗いができるようになりました。

■10月

「まり先生，手洗った？」「まり先生の手くさいなあ〜」と，この頃は毎日，手洗いに誘ってくれるようになりました。数が数えられなかったのに保育士と一緒なら，1〜9まで上手に数えられるようになり，数にも興味を持ち始めました。❹保育士と一緒に手洗いすることになじみ，スムーズに手洗いができるようになったので，保育士がいなくても手洗いできるように目標を見直しました。1人で手を洗うのはまだ難しいと思い，「先生，今，用事してるから，とも君，先に手洗ってくれる？」と，1人で手洗いに行けるように声をかけました。すると，予想以上にスムーズに手洗いに行けました。日によっては行けなくて一緒に手洗いに行くこともありましたが，声かけだけで手洗いに行ける日が多くなりました。❺

とも君はほめてもあまり表情の変わらない子どもでした。そこで，言葉や表情でほめるだけでなく，ハイタッチやギューと抱きしめて身体で表現して伝えることにしました。❻保育士が手を出すと，始めは「なに？」という少しけげんな表情をしていましたが，だんだんと手を出してくれるようになりました。表情は変わらないものの，照れて逃げたり，下を向くようになったりしました。❼そういう姿を見ていると "ほめ慣れていないなあ"，と思うのと同時に，かわいくもなりました。手洗い以外の場面では，苦手な食べ物を頑張って食べ，「まり先生！牛乳がんばって飲んだよ！」など，とも君の頑張りが他の生活面にも表れ，ほめてもらおうと自分からアピールしてくるようになりました。❽

■11月

保育士が声をかけると自分で手洗いに行き，手洗い表を見て，「1，2，3……」と上手に数えながら手洗いができるようになりました。数を数えられるようになっただけでなく数字が読めるようになり，部屋のカレンダーや自分の出席ノートを見て，「まり先生，これ『よん』って書いてあるの？」と聞いてきたり，曜日や文字にも興味が出てきま

専門家のアドバイス

❷リズムをつけると興味をもって取り組める子どもが多いですね。こういうところが保育士の工夫だと思います。

❸"楽しく"取り組めることが何より大切で，その分，習得も早いと思います。

❹手洗い，保育士との関係，数字への興味・関心など，"一石三鳥"ですね。このように「保育士と一緒に」という中に，他のことへの広がりやつながりがみられるようになります。

❺今までの積み重ねがあったからこそ，こういう関わりが生きているのだと思います。

❻ほめられた経験も乏しかったのでしょう。ここは保育士が積極的にアプローチしています。

❼やはりあまりほめられてこなかった特徴の1つでしょう。

❽ナフキンをたたむ，手を洗うから，このように，目標としない場面にも意欲的になっています。

した。11月下旬には，声をかけなくても，自分から進んで手洗いができるようになり，友達と一緒に楽しそうに手洗いするようになりました。手洗いに自信がもてるようになったと同時に，手洗いを通して，友達との関係が少しずつできてきました。❶

> **専門家のアドバイス**
> ❶ここでは手洗いをきっかけに友達とのつながりにまで広がっています。

関わりを振り返って

　実践前はほめても特に反応はありませんでしたが，ナフキンをたたむという目標では，ほめられると下を向いて照れたり，ニコッと笑うようになりました。そして次第に，私にほめてもらいたくて私が見ていることを確認してからナフキンをたたむようになりました。また私が毎日，とも君をほめている様子を見て，周りの友達もその姿を認めてくれたり，「とも君！すごいね！」とほめてくれるようになりました。友達にほめてもらうと，また大きな自信につながりました。そして，とも君は次第にクラスの一員になっていきました。❷衣服など，たたむことが苦手でやろうとしなかったのですが，ナフキンが上手にたためるようになると，自分のTシャツや夏スモックもたたむようになりました。❸自分でたたむと「まり先生，できた！」と見せてくれるようになり，私にほめてもらおうと頑張るようになりました。今まで，"やれないことはやらない，やれないことはやりたくない"でしたが，頑張ろうとする気持ちが少しずつ出てきました。❹

　2つ目の目標では，手洗いがスムーズにできる日もあれば，声をかけてもなかなかできない日もありました。"どうしたらできるようになるのだろう？""この援助でよいのだろうか？"と振り返りながら取り組んでいました。手洗いの前後はどうであれ，"手洗いしたこと自体，たくさんほめよう"と，毎日同じ場面でほめていきました❺が，1か月取り組んでみて目標が高かったことに気づきました。そこでもう少し低い目標に変更すると，私の評価基準も変わり，とも君をたくさんほめることができました。1か月，2か月と経過して，毎日毎日の記録を読み返してみると，できたりできなかったりの繰り返しでしたが，ほんの少しずつ成長していく姿が感じられました。日々の小さな積み重ねが力となっていくのだと実感することができ，これからもたくさんほめていこう，続けてみようと思えるようになりました。❻2か月間も毎日同じことを繰り返していくと，私と一緒に手を洗うことが，とも君にとっても私にとっても生活の一部になっていきました。❼そのため，給食の準備になると，「まり先生，手を洗っ

> **専門家のアドバイス**
> ❷保育士がとも君をほめていると，クラスの友達はそれを知らず知らずのうちに見ており，またそのように対応することが期待できます。
>
> ❸似たような物はうまく扱えるようになります。意欲とともに物も広がっていきます。
>
> ❹ナフキンがうまくためるようになって自信がついたのでしょう。目に見える物に取り組んで，目に見えないものが育ってきました。
>
> ❺よい結果にはつながらなかったようですが，こういう姿勢は大切だと思います。
>
> ❻子どもの成長は保育士の喜びであり，また記録はときに保育士の支えになりますね。

3-D 年長事例③

第3章 実際にやってみよう

た？」と誘ってくれるようになり，手洗いを通して，とも君と私の関係が深まっていったことを実感しました。4か月くらい一緒に手洗いを続けましたが，そのうち声をかけなくても，1人で手洗いできるようになりました。そうすると友達と一緒に手を洗って楽しむ様子が見られるようになり，一緒に手を洗う相手が，私から友達に代わりました。㉖私から離れていくとも君を見て少し寂しい気持ちもしましたが，友達と一緒に手洗い場で楽しむ姿を見てとてもうれしかったことを覚えています。

　手洗いを通して，もう1つ大きく変わったことがあります。それは数が数えられるようになり，さらに，曜日や文字に興味をもてるようになったことです。数が数えられるようになってからは，文字への関心が高まり，今では数字，ひらがなが読み書きできるようになりました。その他に曜日も覚え，カレンダーが読めるようになりました。㉗手洗い1つでこんなにもとも君が成長していったことに本当に驚きました。

　いくつかの課題に取り組んで，とも君は身の回りのことができるようになっただけでなく，ほめられてうれしいと思うようになり，文字の読み書きや友達との関わりを広げることまででき，しかもクラスに友達もできました。とも君は私にいつも引っついていましたが，今では大好きな友達と一緒に楽しそうにごっこ遊びをしたり，腕を組んだりしながら楽しそうに遊んでいます。何よりも一番よかったのは自信がもてるようになったことです。鉄棒や跳び箱，竹馬にチャレンジしたり，苦手だった集団遊びにも参加したり，とも君なりに頑張っている姿を見ると胸を打たれます。身の回りのことができるようになることで，こんなにも世界が広がっていくとは思ってもいませんでした。㉘

　第1回目の研修で，身の回りのことから始めることに対して，私は本当に半信半疑でしたが，実践して，とも君がどんどん成長していく様子を見て，身の回りのことができるようになること，ほめることはとてつもなく大きな力になっていくんだなと思いました。

　また子どもの宝探しも試みました。子ども達と一緒にダンボールや厚紙などを使って，大きな木を作るところから始めました。そして，木の名前をクラスみんなで考えました。㉙木の名前を話し合うことで，友達のよいところを見つけたり，子ども達がまさに思いやりの気持ちをもてるといいなあと思いました。そこでみんなの意見をまとめて，「クラスみんなのやさしい心とあたたかい心がいっぱいの木」と名づけました。毎日，2人ずつ，その子どものよいところを保育士が伝えて葉っぱに書き，本人が好きな場所に貼っていきました。どの子

専門家のアドバイス

㉕〈指導する―指導される〉という縦の関係から，横の関係になりましたね。

㉖こうしてとも君は"私（保育士）"から自然に卒業して，クラスの子ども達の中に入っていきましたね。ここはそれがきれいに表れていると思います。

㉗手洗いから知的なことに興味や関心が広がっていますが，こういう子どももときどきいます。関わり方の工夫は，ごく自然に知的なことへの興味や関心を引き出すことがあります。

㉘とも君の場合，身の回りのことからかなり世界が広がりましたね。私も驚いています。

㉙クラスみんなで取り組んだところが非常によいですね。クラスのまとまりがいっそう強まると思います。

どもも自分の番がくることを楽しみにしていました。とも君は最初，何をしているのか理解できませんでしたが，何度も繰り返すとだんだん理解できるようになり，「ぼくの番はもうすぐ？」と楽しみにするようになりました。友達にも目が向くようになり，自由遊びのときに「まり先生，ひろ君がスリッパそろえているよ」など，伝えてくれるようにもなりました。全員が一通り終わると，次は子ども達から子ども達によいところを伝え合いました。クラスの子ども達は，「今度は僕達が"よいところ眼鏡"をつける番だね」と，とても張り切っていました。小さな文字で葉っぱがいっぱいになってしまうほど，友達のよいところをたくさん発表してくれました。子どもの宝探しを通して，子ども達は友達にほめてもらい，認めてもらえていることを感じることができたようです。とも君も安心して自分を出し，自信をもって友達と関わっていくことができ，また友達とのつながりをより深めることができました。

　できないことをできるようにさせるのではなく，できることをほめていくと自然とできなかったことができるようになっていく㉚こと，"ほめられて育った子どもは楽しんで遊ぶ"㉛，常に厳しくしなくてもほめていれば子どもは学ぶ"こと，まさにその通りだと，実践を通して学ぶことができました。これからもたくさんの子ども達に関わりますが，いつも笑顔で，たくさんほめて，その子どもらしく大きく成長できるように手助けをしていきたいと思います。

専門家のアドバイス

㉚その通りだと思います。発達させる・成長させるのではなく，環境や状況を整え，関わり方を工夫することで，子どもの中にある"見えないもの"が育っていくのだと思います。

㉛ほめられて育った子どもは，自分だけの世界に閉じこもらず，人間関係を楽しめると思います。これが一番大切なことだと思います。

専門家のアドバイス：まとめ

❶子どもが「できない」といったとき，できるにもかかわらず"やりたくない"のか，"やり方がわからない"のか，注意する必要があります。子どもの言葉通りでないことがあり，子どもの理解面をおさえる必要があります。こういうときは，「どこができないの？」「ここが難しいの？」など，本人に確認するとわかることがあるので，こちらが勝手に思い込まないほうがよいでしょう。

❷手洗いを通して，手を上手に洗えるようになったことや，保育士との関係が深まって友達への関心が芽生えたこと，数字や文字など，知的なことに興味や関心が出てきたことなど，身の回りのことに取り組んでいくつものことに成長がみられたようです。どの子どもにも生じるわけではありませんが，こういうこともありうるということです。

第4章 記録を活用して話し合ってみよう

A 保育日誌の様式

B 所内での話し合い

第4章 記録を活用して話し合ってみよう

A 保育日誌の様式

　記録様式については，基本シート4（観察記録）としてすでに示しました。保育現場にあった形に修正しやすいようにシンプルなものとしてあります。本プログラムの基本シートは，別の見方をすると，3つの援助が個別支援計画で，観察記録は保育日誌（指導記録）にあたり，基本シートは両者を兼ねていると考えられます。現在，個別支援計画を作る必要性から，現場ではいろいろ工夫されていると思います。従来から使ってきた保育日誌を利用しているところと，最近では，本プログラムを導入してプログラムにあわせて修正版を使っている保育所，対象児は基本シート4を使用している保育所があります。

1　従来の保育日誌を利用する場合

　従来の保育日誌は，個別の記録スペースが少ないと思います。保育日誌に書かれていることは主活動やねらいに対してクラス全体がどうであったかの記載が中心で，その他，評価や反省を記載する日誌が多いと思います。子どもの様子を書く欄はあっても，その時々のクラスの子どもの記録であって，特定の子どもの記録ではありません。もともと，障がい児や気になる子どものために保育日誌が作られたわけではありませんから，無理はないと思います。また，観察する視点の違いも，日誌の様式の違いに大きな影響を与えていると思います。しかし，これでは本プログラムが大切にしている関係の変化や推移，子どもの成長がわかりません。そのため，障がい児や気になる子どものことを記載しようとするとほとんど書けないと思います。書き方も子どもの姿や様子であり，子どもとのやりとりを書くことは少なく，そのための時間もないことでしょう。

　個別支援計画で何をねらいとするかによって記録の仕方や評価の仕方は異なりますが，本プログラムに準じていえば，子どもとのやりとりを書こうとすると，従来の保育日誌ではスペース的に十分でないといえます。子どもが何をしたか，子どもがどうしたかといった子どもの様子を記録することはできても，〈保育士―子ども〉のやりとりを記録することはできません。個別支援計画に基づく記録や評価となると，従来の保育日誌を利用する場合，それと並行して基本シート4のような記録

用紙があるとよいでしょう。本プログラムのように援助目標についてどうであったかと，記載する内容が明確だと使いやすいと思います。修正版を作るのは時間がかかるので，簡易的に基本シート4程度のものをもう1枚準備して活用するとよいでしょう。

2　障がい児や気になる子どもに修正版を使う場合

　本プログラムに沿った形で保育日誌を修正している市町村も出てきました。障がいをもった子どもや気になる子どもはどうしても個別支援が必要になります。月々の指導計画（月案）や週の指導計画（週案）では大まかで盛りだくさんなので，対象となる子どもはそれにうまく応じられないことが多いのではないかと思います。また，保育士も指導計画に従って関わろうとすると，子どもが嫌がったり，拒否することも出てきて，どうしてよいかわからなくなることがあるでしょう。そのため個別支援計画があるわけですが，従来の保育日誌では個別支援計画の記録や評価のスペースが少なくて記述できません。そういう現実を踏まえて，従来の保育日誌に修正を加えて修正版を作り，障がいをもった子どもをきめ細かく理解して対応しようとしています。

　修正版では，従来の形式の部分と個別記録の両方を備えた保育日誌が考えられます。その1例が**表1**です。これもシンプルな保育日誌を考えました。ここに示したのは年少から年長児用の3日分の日誌で，上の欄は主活動（あるいは"ねらい"）と援助目標としました。なお，天候，検閲印など，細々したものは省略しました。

　3つの援助の中で援助目標のみ記載したのは，援助場面や援助方法まで書くと煩雑になるからです。したがって，保育日誌の初めには3つの援助を書いた基本シート2（3つの援助）をつける必要があります。右の欄はその日の対象児の記録を書きます。

　左の欄は主活動やねらいに対して，クラスの子ども達の様子を記載します。場合によっては，あるエピソードを書いたり，5領域（健康・人間関係・言葉・環境・表現）に関して，記載することもできるでしょう。この部分はどのようにでも使えるようにスペースを広くとってあります。使い方は何をねらいとして記録するかによるでしょう。

　複数の対象児がいる場合，第5章のQ&Aでも触れますが，曜日を決めて記録をとることにします。援助に関しては変わりませんが，記録の負担を最小限にするためです。そうすると，この様式で済みます。ただし，子どもに焦点を置いた場合，子どもの成長の流れがわかりにくいことは否めません。

　表1を使うと，1週間で2枚になるため，1日分はあくことになり，そこは週

のまとめとして使うことができます。
　その他，保育内容や配慮事項，その日の反省やまとめなどを含めると，この**表1**では書ききれないので，1枚で2日分とするか，1枚で1日分とするか，これを参考にして現場にあった形でいろいろアレンジしてください。

表1　保育日誌のサンプル

保育日誌

	《主活動（あるいは，ねらい）》	《援助目標》
月　日(月)		(評価　　)
月　日(火)		(評価　　)
月　日(水)		(評価　　)

B 所内での話し合い

　保育所内で相談するとき，「○○はどうしたらよいですか？」「子どもが○○するとき，○○しようと思いますが，どうでしょうか？」といった内容になるのではないかと思います。本項では個別的な相談ではなく，保育所内での話し合い，つまり所内研修について述べたいと思います。

　保育の質を高めるため，保育士は保育所内外の研修にいろいろ参加していると思います。研修には障がい児のことだけでなく様々な内容の研修があるので，ここで研修という場合，障がい児に関する研修とします。本プログラムは，すでに述べてきた通り，子どもの保育プログラムですが，また保育士のための保育向上プログラムでもあります。

　本プログラムを実施している保育所で，40～50分程度，時間をとって事例検討ができる場合を想定してみます。また，これを実施していない場合でも所内での話し合いに役立つ部分はあると思いますので参考にしてください。

　以下，①所内で事例検討をする場合に準備する物，②所内で事例検討する場合のポイント，③子どもの変化の有無と事例検討，④苦手なこと・困った行動の検討，などについて触れます。

1 所内研修をする場合に準備する物

　所内研修で準備する物として，基本シート2（3つの援助），基本シート3（自己点検票），基本シート4（観察記録）などがあげられます。第4章Aの修正版を用いる場合はそれを準備します。その他，話し合いの内容により若干必要な物が加わるかもしれません。これらのシートはすでに作ってあるシートで結構です。準備にできるだけ手間をかけないようにしましょう。ただし，3つの援助が変われば，それに応じたシートを準備する必要があります。

2 所内で事例検討する場合のポイント

所内で話し合うときの基本について触れます。

a 話し合いのねらいやテーマを明確にする

　所内での個人的な相談をする場合はともかく，話し合いをするときはねらいやテーマを何にするか，あらかじめ明確にしておくことが大切です。事例を提出する保育士はねらいやテーマを初めに伝えたり，資料に書き加える必要があります。問われないかもしれませんが問題提起した理由も明確にしておくとよいでしょう。また，ファシリテーター（進行役）を務める保育士も話し合いの目的を明確にすることを怠らないことが重要です。これは話し合いを効率よく実施して，散漫にならず実り多いものとするためです。

b 子どもの理解に基づく話し合いをする

　子どもの資料，つまり事実に基づいて子どものイメージを共有することが大切です。複数の人で話し合う場合，子どものイメージを共有できることが第一段階です。これは障がいの理解ではなく，子どもの理解であることを申し添えておきます。保育経験の違いによる子どもの理解に個人差が出るのはやむを得ませんが，事実に基づいた子どもの理解が大きくずれていると関わり方も当然違ってきます。本プログラムでは身の回りの簡単なことに取り組むので，この点に関する検討は経験による差が少ないと思います。いろいろな関わり方があってもかまいませんが，それは共通した子どもの理解に基づくものであるほうが好ましいと思います。

c 3つの援助を確認する

　話し合いでは必ず3つの援助を確認してください。とりわけ，援助目標が大切です。対象児の能力に比べて目標が高くないか，保育士が"してほしいこと"になっていないかを確かめてください。また，援助方法も，流れに沿って順を追って番号をつけるとわかりやすくなります。

d 自分の考えや意見を述べる

　所内での検討は人数も少ないので，保育経験が浅い人や臨時職員でも自分の考えや意見を述べることができるでしょう。つまり参加者が受身にならないことです。

また所長やファシリテーターは話しやすい雰囲気作りを考える必要があります。自分の考えを言葉で表現すると，自分の中ではっきりしなかったことが明確になったり，質問を受けることで気づかされることもあります。あとで紹介するインシデント・プロセス法のような方法を用いると，自分の考えや意見を述べやすいと思います。

e いろいろな対応を尊重する

これは前述の d 自分の考えや意見を述べる と関連しますが，自分が述べた意見や考えが否定されたり，非難されると発言する意欲を失います。実際，子どもへの対応を考えるとき，その善し悪しは簡単に決められませんし，この対応しかないということもありません。その人の対応にはきっとその人なりの理由や根拠があると思って，まず相手の意見や考え方に耳を傾けてください。問題になるとすれば，対応の善し悪しよりも現実にできるかどうかがポイントになるでしょう。自分はできても，事例提供者はできなかったり，状況が許さないこともあると思います。これは身の回りのことより，むしろ，困った行動のときに問題になってくるかもしれません。

これら a ～ e は所内で事例検討するときの基本になります。

3 子どもの変化の有無と事例検討

子どもの状態像によって話し合いの仕方が異なってくることもあるので，ここでは子どもの変化が見られる場合とそうでない場合での話し合いについて考えてみます。

a 子どもがある程度順調に変化している場合

事例検討するとき，一般的には，対応に迷ったり，困っているので取り上げることが多いと思いますが，子どもが順調に変化している場合でも事例として検討したり，関わり方の確認ができるとよいでしょう。身の回りのことに取り組んでいると，時間の長短はありますが，子どもの行動は確実に変化していきます。順調に変化している場合，観察記録は直近の1週間分があればよいと思います。うまく対応できている事例を検討することは，3つの援助の適切さや関わり方のよさが学べます。また対象児に対して，担当保育士が意図した働きかけやどのような点に気をつけたかも学べるでしょう。ステップ1の場合，この種の確認がしやすいといえます。言い換えると，成功例を通して，保育の知恵を学べると思います。うまくいっている事例やうまくいった事例もぜひ検討してください。

1つの援助目標が終了した時点で検討する場合，取りかかったときの1週間と直近の1週間の記録を準備すると，どのような点がどのように変化したか，その比較ができて興味深いと思います。観察記録の中で適切に関われている点，言葉かけのうまさやタイミングなど，よかった部分にアンダーラインを引くと，参加した保育士にはいっそうわかりやすいでしょう。順調に変化している場合は身の回りのことだけでなく，〈保育士―子ども〉の関係も変化していることが多く，これも変化の指標になります。このような点もあわせて話し合えると，身の回りのことを通して，子どもが全体的に成長・発達していることがわかるのではないでしょうか。ただし話し合いの場合，まず援助場面での関わりからはじめ，次いで，子どもの全体的な成長へと話をつなげると話し合いが散漫にならないと思います。行動の変化だけでなく，どのように関わったのかをはずさないことが最も大切だと思います。これこそが保育の質の向上につながると思います。

　場合によっては，援助場面をVTRにおさめて，それを職員全員で見ながらよかった点を出し合ってもよいかもしれません。このときもポイントがはっきりしていると映像を見やすいと思います。VTRの利用については後で改めて触れます。

b 子どもにあまり変化がみられない場合

　ステップ1でうまくいかない場合，その多くは援助目標が高いこと，あるいは，1つの場面で知らず知らずのうちにたくさんのことを要求していることを指摘しましたので，所内で話し合う前にここをまず点検してください。ステップ1の3つの援助が適切でも，最初の援助目標を達成したり，子どもが変化していくのに3か月程度はかかります。子どもの変化が乏しい場合には次のようなことが考えられます。

1) ほめても反応がないか，乏しい

　子どもをほめて反応が早く返ってくると変化の兆しが早いといえます。一方，ほめても反応がなかなか返ってこないと，行動の変化に時間がかかることがわかってきました。これは主にほめ慣れていないことやほめられた意味が理解できないことによるものです。目標と方法が間違っていなければ忍耐強く関わってください。子どもからの反応が乏しいと保育士の気持ちが萎えてほめることが少なくなります。ほめ方としては，例えば，頭をなでる，抱きしめるなど，身体的な働きかけをする，その場で1つ1つほめる，その場でほめるだけでなく他の日常場面でも積極的にほめる，また事例にもあるように，表を作ってシールを貼るような視覚的な手がかりを利用するなど，ほめ方も工夫してください。これは保育士の関わり方の問題より，子どもの側の要因が大きいといえます。

2) 言葉だけの指示に終わっている

　子どもが言葉を理解できるようになると，保育士の関わりが言葉だけの指示で終わってしまうことがあります。例えば，注意のそれやすい子どもは，言葉かけだけでは身の回りのことができたりできなかったりと，なかなか身につきません。身の回りの簡単なことでも援助方法で示したように，保育士がそばにいて一緒にするような関わりをする必要があります。今一度，言葉での指示に終わっていないか点検してください。また，話し合うときにこういう点に気をつけて資料を読み解くとよいと思います。

3) 毎日，取り組めなかった

　これは子ども側の要因と，保育士側に原因のある場合があります。前者は，子どもが病院などで訓練や指導を定期的に受けたり，子どもの病気や家庭の事情で休みが続くような場合が考えられます。この場合，時間のかかることを承知のうえで目標を継続することになるでしょう。あるいは，援助場面を1つ増やして，こちらは毎日安定して関われるようにすることも考えられます。実際の保育場面では，このようなことはまれではないと思います。いつも条件がよいとは限りません。後者は，保育士にも休みやいろいろな仕事があるので，いつものように関われないことがあります。所内の事情によりその場面で急に対応できなくなったときは，できるだけ安定して関われる場面に変更することはやむを得ないでしょう。先ほども触れましたが，この場面は場面として，他に援助場面を追加することも考えられます。子どもや保育士の事情で，毎日安定して取り組むことは難しいと考えるほうがかえって取り組みやすいかもしれません。臨機応変に対応していくことがよいと思います。

　以上のことを念頭において，事例について話し合ってください。

4　苦手なこと・困った行動の検討

　毎日，保育をしているとちょっとしたことで迷ったり，どうしてよいか戸惑ったり，困ることが少なくないでしょう。事例を検討する場合，おそらくこちらのほうが一般的だと思います。ステップ1に毎日こつこつ取り組んでいると，子どもが苦手としていることや困った行動が自然に減っていきますが，本項ではこれらを別途取り上げていきます。こういう場合にどのように話し合うとよいか，ここではインシデント・プロセス法とVTRの利用の2つの方法を紹介します。

ａ インシデント・プロセス法の利用

　インシデント・プロセス法とは簡単にいうと，ある出来事（インシデント）を処理する（プロセス）方法という意味です。これはある出来事の処理能力や問題解決能力の向上をねらうものです。迷った場面や困った場面を取り上げて検討することが多く，参加した人がそれぞれ自分の意見を出し合います。事例を出した保育士には参加者からさまざまな意見や提案をもらえます。また参加した人は事例提供者の情報から子どもの理解を深めてイメージを作ったり，具体的な対応を考えていきます。同じ職種の人ばかりよりもいろいろな職種の人が参加していると，視点や発想が異なるので興味深い対応が出てきます。この方法を実施する場合，対応策を出した人の意見を尊重することが大切です。

　インシデント・プロセス法は，友だちとのトラブルなど，ある出来事に対して，"今，ここで"自分ならどうするかといった具体的な対応を考えます。参加者からいろいろな対応策が出てきますが，正しい対応とか間違った対応があるわけではありません。それぞれの対応は，もう一度，事例提供者に戻してその対応で現実にできるかどうか確認します。ここが大切なポイントになります。どんなよい対応策でも現実にできないと意味がありません。こうして現実というふるいにかけます。

　インシデント・プロセス法を実施する場合に気をつける点をいくつかあげます。

1）問題とする箇所を限定する

　これは援助場面でも述べてきましたが，インシデント・プロセス法でも問題とする箇所を限定するので，本プログラムを生かすことができます。取り上げる箇所は文章にすると数行程度になるかもしれません。これだけ限定するのは，ポイントを絞って具体的に考えることにあります。検討するエピソード場面が長いと，いろいろな箇所での関わりが考えられ，担当者が困っている箇所からずれたり，一般的な対応になる可能性があります。したがって，事例提供者が迷っている点や困っている点に焦点を絞って考えていきます。ポイントや場面を絞ることで，より具体的な対応が考えやすくなります。このことは本プログラムの場合と同じだと理解してください。

2）資料に基づいて対応を考える

　一般に，私たちは自分の知識や経験に基づいた基本的な関わり方（姿勢・態度など）があります。どういう状況や場面でも，今までの自分の関わり方によって対処する傾向がみられます。これはその人の知識や経験に基づくもので否定されるものではありませんが，子どもの資料が提供されても，自分の知識や経験で対応を主に決めてしまうことがあるので注意する必要があります。できるだけそうならないように，資料に基づいて対応を考えるように努めます。そのためには参加者一人ひと

りが自分の対応の根拠を明確にする必要があり，それには子どもの資料が大切になります。所内の場合，職員全員が対象児を見ているので情報は均一ではありません。たまたま見た場面も1つの根拠になりますが，知識や経験からだけで対応を決めないことが参加者に求められます。ここはプログラムで行動観察を重視していることと深く関係します。もう一度，子どもの姿に戻って理解することをお勧めします。ファシリテーターはこの点に十分気をつけて参加者の対応を聞いてください。

3) 具体的で現実的な対応を考える

　援助目標や援助方法を考えるとき，その具体性に触れてきましたが，インシデント・プロセス法でも，対応の具体性が求められる点は同じです。例えば，"○○することで信頼関係を作ってから△△する"，という意見が出ても，抽象的な常套句では，あまり有効な対応とはいえないでしょう。気づかないうちに一般論を述べていることがあるので，ファシリテーターが質問して発言内容を具体的にしていく作業が必要になります。例えば，どのような言葉かけをするか，どのように手を添えるか，といったことになります。

　苦手なことへの対応は事柄が限定されるだけに，いろいろな意見はあまり出ないかもしれませんが，困った行動は様々な対応が出てくる可能性があります。インシデント・プロセス法でも適切な解決策が出ない場合はありますが，重要な点は，事例提供者は様々な視点から対応策が聞けること，参加者は資料に基づいて自分の対応を考えて出すことです。そして，現実的な対応策が複数出るといっそうよいでしょう。

b VTRの利用

　VTRの利点は，参加者が同じ場面を共有でき，情報がより均一化する点です。また後日，そのままの状態を見直すこともできます。紙面による事例検討はどうしても，参加者一人ひとりのイメージが入るので主観的になりやすいといえます。ただし，VTRといえども見る人の解釈が入ることはあるので注意する必要はあります。事例提供者にとっては，自分が関わるときの特徴や自分の癖に気づくことができます。本プログラムは子どもとの関係（性）に重きをおいていますが，VTRはその場面が再現されるのでわかりやすいと思います。行動観察はVTRで撮影するかのように，と表現してきましたが，VTRはまさにそのものです。

　苦手なことは場面が限定されるのでVTRを固定して撮影することもでき，何日か撮影してその中で検討したい日を取り上げることができます。この場合，1〜3分程度の短い時間を複数回見て検討するほうがよいでしょう。そのためにはどの部分を取り上げるかをあらかじめ決めたほうがよいと思います。長い時間VTRを流

第4章 記録を活用して話し合ってみよう

すとポイントが絞れなくなって話がまとまりにくくなります。これはインシデント・プロセス法とまったく同じなので気をつけてください。苦手なことは援助場面として記録もとっているので，それとあわせて検討することができます。

　困った行動の場合，その頻度が少ないと撮影が難しくなり，VTRが有効に使えなくなります。毎日のように困った行動が生じる場合は撮影できますが，あらかじめ困った行動が起きやすい場面や時間帯を想定して準備する必要があります。

　事例を検討する場合，苦手なことも困った行動もインシデント・プロセス法と同じように，"今ここで"自分だったらどうするかを考えて発表すると，いろいろな意見や提案が出て興味深いと思います。対応を考えるとき，自分は子どもをどのように理解したかもはっきりさせておくことが大切でしょう。繰り返しになりますが，参加者は自分の対応策が子どもの資料や映像に基づいているか，現実的にできるかを十分考慮すること，ファシリテーターはそれが守られているか気をつけることが大切です。

　なお近年，個人情報の取り扱いが難しくなっているので，VTR撮影に関しては保護者の許可や同意を得ておくことが望ましいでしょう。

第5章 あい・あい保育向上プログラムＱ＆Ａ

第 5 章 あい・あい保育向上プログラム Q＆A

Q＆A

Q01 身の回りのことを大切にするのはどうしてなのでしょうか？また，なぜ遊びを取り上げないのでしょうか？

A01 　保育所では生活と遊びが中心になると思いますが，そこで身の回りのことを積極的に生かすことを考えました。身の回りのことは目に見えることであり，子どもにはとてもわかりやすく，毎日取り組めることも魅力の1つです。一方，遊びは子どもによっては転々としたり，動き回ったり，1人の世界に入って他の人の介入を嫌がるなど，遊びの中身や介入の度合いの違いが大きいので，より一般的に取り組むには難しさがあります。

　また主導権という視点からは，身の回りのことは保育士に，遊びは子どもに主導権があるといえるでしょう。そのため，子どもの遊びに付き合って対応するのは，身の回りのことに比べるとぐっと難しくなります。その点，身の回りのことはある枠組みや形（中身ややり方）が決まっていますので，保育士が取り組みやすくなります。身の回りのことという安定した視点をもつことができ，かえって子どものそのときの状態にあわせやすくなります。

　ただし，ここで気をつけなければならない点は，取り組む課題が難しい，言い換えると，保育士の要求水準が高いと，子どもに無理をさせることが出てきます。そのためできるだけ低い目標を作ってほめながら取り組んでいきます。ある枠組みがあるので，保育士がそれにあわせようとする欠点はありますが，目標さえ低くすれば汎用性が高いといえます。多くの保育士が活用するには，遊びよりも身の回りのことのほうが取り組みやすいと思います。

Q02 身の回りのことに取り組んでいると，どうして困った行動が改善したり，困った行動がなくなったりするのでしょうか？ここがなかなか理解できません。

A02 　"論より証拠"ということわざがありますが，実践してみるとよく理解できると思います。今のところ次のように考えています。

　1つは身の回りのことに取り組んで，物の具体的な扱い方や使い方，一連の流れなどがわかって自分でできるようになることです。これは行動のまとまりとつながりの

両方が身につくことを意味しています。何となくわかったというのではなく，中途半端なわかり方でもありません。そのために，子どもの注意がそれないように気をつけたり，状況や環境を整備するなど，保育を工夫しています。子どもにしてみれば，"自分でできた"という感じがもちやすくなり，これが意欲や自信につながります。

　もう1つは，テーマを共有すること（例えば，手洗い）で保育士との人間関係がよくなること，関係が深くなることと密接に関連していると思います。これは関わるときに楽しくしたり，子どもの気分に応じて関わったり，励ましたり，ほめるなど，保育士が子どもに肯定的な働きかけをして，物とは違った関わりのレベルで保育をかなり工夫しています。こちらも子どもの動機づけや意欲，興味・関心につながったり，人から肯定的に働きかけられて，自分を肯定的に受け止められるようになるのではないかと思います。

　この両者が子どもによい影響を及ぼし，物の扱い方がわかったうえに，関わってくれる保育士を好きになったり，慕うようになっていきます。そうすると，自分が頑張ったことや楽しかったことを保育士に知ってほしい，伝えたいと思うようになり，期待に添うような動きが出てくるのではないかと思っています。今まできっと身の回りのことに取り組まれてきたことと思いますが，子どもに対して肯定的な働きかけを積極的にすることで，結果に違いが出たのではないかと思います。身の回りのことに取り組むとき，楽しさや温かさが伝わらないと，いわゆる身辺処理というレベルにとどまり，困った行動が改善したり，なくなったりすることはあまり期待できないと思います。同じことをしているようで，実は中身が違うのではないかと思っています。

Q03 このプログラムは年間を通して取り組んだほうがよいのでしょうか？

A03 　個別的な対応から集団への参加に取り組むためにも，また保育全体を計画的に進めていくためにも，できれば年間を通して取り組んだほうがよいでしょう。身の回りのことといえども，少なくとも達成するまでに2～3か月くらいは要します。援助目標を続けて2つクリアしようとするとおおよそ半年くらいはかかりますから，保育所の行事なども考慮してこのプログラムを進められるとよいと思います。

Q04 このプログラムはどのような子どもでも対応できるというのは本当でしょうか？

A04 　今まで聴覚障がいのある子ども，肢体不自由のある子ども，虐待を受けた子ども，両親が外国人のため日本語のやりとりが難しい子ども，中度や重度の知的障がいの子どもなど，知的障がいの子どもを除いて数は少ないものの，本プログラムに

取り組み一定の成果をあげています。それはどのような子どもでも身の回りのことに取り組んでいるからだと理解しています。具体的な物を扱っているので子どもの障がいなどに関係なく，また理解の程度に関係なく取り組めると思います。違いは具体的な関わり方になるでしょう。別の見方をすると，保育所では治療（cure）するのでなく，日常的に養育（care）をしていると理解していただくとわかりやすいと思います。

Q05 このプログラムを母子通園施設でも活用できますか？

A05 　答えはイエスです。単独通園施設であればこのまま使えますが，母子通園施設ですと応用編になるかもしれません。活用の仕方としては2通りあり，1つは今までの説明通り，3つの援助を決めて保育士であるあなたが実際に取り組み，それをお母さんに見ていただいて支援するものです。
　今1つは，デイリープログラムとは違った日常場面の中から，3つの援助をお母さんと一緒に考えて，お母さんに取り組んでいただき，あなたがアドバイザーになるというものです。後者の場合，本プログラムを一度ご自身で体験していることが望ましいでしょう。
　母子通園施設の場合，毎日実施していないところもあるので，身の回りのことが定着するには少し時間がかかるかもしれません。また，あなたが無理をすると子どもはお母さんのところに逃げ込むことがあるので，保育所で本プログラムを活用するよりは難しい場合もあることを念頭に置いてください。お母さんもわが子への具体的な関わり方を求めており，うまく対応しているところを見つけて，そのお母さんをほめて励まし，技術的な面からも気持ちの面からも支えてください。ここは子どもに対するときと同じになると思います。

Q06 私のクラスには気になる子どもが数人います。このような場合，このプログラムを活用できますか？もし活用できるとすればどのように活用できるのでしょうか？

A06 　加配保育士がいない状態で，クラス担任が対応できるのは多くて3人くらいではないかと思います。具体的には，場面をそれぞれずらすことでしょう。同じ場面で対応するのは難しいので，例えば，下表のように考えてはどうでしょうか。

子ども	A君	Bちゃん	C君
援助場面	登所後の身支度	給食	降所準備
観察記録	月（木・金）	火（木・金）	水（木・金）

基本シート1〜3は全員準備しますが，一度に3人全員の記録は時間的に難しいので，記録する曜日を決めます。ここも視点を安定させるため，基本的に曜日を変えないほうがよいと思います。木・金は予備日として3人のうち誰かの記録を書きます。もちろん，記録用紙は3人別々のほうがよいでしょう。こうすると複数の子どもでも対応が可能だと思います。また，「子どもの宝探し」を前倒しして，クラス全体の雰囲気を変えていくことも考慮してはいかがでしょうか？

Q07 手洗いや着脱のように1日に数回ある場面はどのように取り組めばよいのでしょうか？

A07 　手洗いや着脱は，どの時間帯で取り組むかを決めたほうがよいと思います。それは子どもにとって保育士の動きがわかりやすいことが一番であるためです。子どもから見て，このときは先生がそばにきてくれることがわかり，楽しみにする子どももたくさんいます。もし複数回できれば，それにこしたことはなく，そのときも1回は時間帯を決めて，あとは対応できるときでもかまわないと思います。あなたに負担にならない程度で，いろいろなバリエーションを考えてください。

Q08 援助目標の立て方がまだよくわかりません。もう少し教えてください。

A08 　まず身の回りのことに取り組むことが前提条件です。そのうえで，だいたいできていること（75％程度）を選びます。これはほめるための目標と考えて小さな目標にしてください。繰り返しになりますが，目標が高くなりがちなのでここは十分気をつけて，しかもあなたが毎日取り組めることかどうかもよく考えて決めてください。
　取り組もうとしている課題の流れ（つながり）を一度，整理してください。例えば，基礎知識（**第2章B個別の対応**）にある登所後の身支度で考えてみます。一連の流れをすべて行うことは難しいかもしれないので，〈⑤コップとタオルを掛ける→⑥鞄をロッカーにしまう〉といった一部を目標とすれば，あまり無理なく目標を立てることができ，関わりも難しくないと思います。それでも子どもの調子や気分の波があるので，できたりできなかったりすることはあると思います。実際には，毎日安定して取り組めない子どものほうが多いようです。そのため目標の設定が難しかったり，援助方法に迷いが出ると思います。戸惑った場合は，とにかく目標を低くして子どもをほめたり，励まし続けてください。"このような目標でよいのか？"と思う程度からスタートしても結構です。

第5章 あい・あい保育向上プログラムQ&A

Q09 子どもをほめてもほとんど反応がありません。このままほめ続けて効果があるのでしょうか？

A09 　実は，こういう子どもは時にいます。子どもから反応がないと保育士の気持ちが萎えたり，自信をなくしますが，ここはどうかこつこつほめ続けてください。反応が出てくるのに4～5か月くらいかかる子どももまれにいます。言葉でほめるだけでなく，タッチしたり，頭をなでたり，抱いたりするような身体的な働きかけがあるとなおよいと思います。

　一方，ほめられたことを素直に受けとれず，保育士を叩いたり，蹴ってくる子どももまれにいます。こういう子どもはあまりほめられたことがないのか，ほめられたことをうまく受けとめられないように思います。その行動を軽く止めたり，あまり相手にならないほうがよいでしょう。こうした事例は**第3章**に呈示されていますので参考にしてください。また大げさにほめるよりさりげなくほめ続けてください。子ども達はあなたにほめられるのを待っていると思いますから。

Q10 援助方法を読むと，子どもの障がいの違いによる関わり方の違いはみられないようですが，それで対応できるのでしょうか？

A10 　身の回りのことに取り組むとき，てんかんや自閉症スペクトラム障がい，ダウン症候群，知的障がいのみの子どもなど，障がいによる違いはあまり目立たないと思います。むしろ，子どもがその物をどのように扱うか，状況をどのように理解しているか，関わり手との人間関係はどうか，などのほうが影響は大きいと思います。よく出てくる話として，気分のムラがある，気分に波があるなどがあります。そのため，具体的な場面でどのように取り組めるのか，そこに子どものわかり方や気持ちの表し方が出てくるでしょう。保育士がそれを1つ1つ理解して対応していくことが重要だと考えています。具体的なことを介して，子どもと適切な距離をとれることが非常に大切だと思います。本プログラムはそれを可能にしてくれると思っています。

Q11 毎日，子どもの困った行動に苦慮しており，その場合，ステップ3から取り組んではいけないのでしょうか？

A11 　ステップ3から取り組んでいただいても悪くないと思いますが，本プログラムは初めにもお示ししたように，子どもの困った行動をなくすためのプログラムではありません。地味ですが，保育士にほめられたり，励まされたりして，身の回りのことに取り組んでいくと困った行動が減ったり，なくなったりすることはまれならずあります。その理由は先ほど述べました。したがって，どのような子どもでも

ステップ1から取り組むことをお勧めしています。本プログラムを十分理解していただいたうえなら，ステップ1とステップ3を同時に取り組んでも結構でしょう。

　ステップ3は対人関係の問題が多いので，それだけ解決が難しくなります。発達に障がいをもっている子どもの多くは対人関係が苦手です。そこで，身の回りのことを介して，保育士との関係，つまり大人との関係を作っていくことを考えています。保育士との関係が深くなっていくにつれて子どもが安定して，クラスの友達に関心が広がったり，困った行動をしなくなっていくことがわかっています。したがって，一見，遠回りのようですが，身の回りのことからこつこつ取り組んでいただくようにお願いしています。

Q12 私は加配保育士ですが，このプログラムを実施するにあたり，クラス担任に協力を求めたほうがよいのでしょうか？

A12 　連携という視点からも，できればクラス担任に理解を求めて一緒に取り組んでいけるとよいと思います。クラス担任が3つの援助を決めて対応できなくても，対象児をほめることはできると思います。そういう形ででも協力を得られると，あなたの負担は軽くなると思います。また，本プログラムを実施して対象児の行動に変化がみられれば，クラス担任にも取り組んでもらえるかもしれません。クラス担任に，今，できることを協力してもらうのがよいのではないでしょうか？

　さらに，保育所長の理解を得て保育所全体で取り組めるともっとよいと思っています。

Q13 このプログラムは，若い保育士でも取り組めるでしょうか？

A13 　若い方でもできます。保育士の役割は子どもの生活と遊びに関わることですから，本プログラムは保育経験を問いません。ただし，保育経験から得た子どもの理解や保育の知恵は生きますから，本プログラムに取り組むとき，結果に差の出ることはあると思います。個別の事例をたくさん経験すると，それだけ本プログラムを有効に活用できると思います。逆に今までの経験から，本プログラムを利用することで，若い方でも保育経験を深めたり，豊かにしていくことができると思っています。なお，若い方は3つの援助の設定で戸惑うことがあり，特に援助目標が高くなったり，少し抽象的になったり，援助方法に具体性に乏しいことがあるので，この点は気をつけてください。

Q14 このプログラムには保護者支援がありませんが，これを活用して保護者支援はできないのでしょうか？

A14 　研修では，保護者も変化した事例が毎年20％弱報告されています。これはそのほとんどが子どもの変化に伴う保護者の変化で，保護者支援のために活用した事例はほんのわずかです。母子通園施設での活用でも触れましたが，登所後の身支度や降所準備の場面を使うと活用できるでしょう。この場合も，あなたがモデルになって子どもに対応するか，保護者に関わってもらってアドバイスする立場になるか決める必要があります。保護者が取り組む場合には，本プログラムを理解してもらう必要があるでしょう。そうすれば家庭でも実施できると思います。

Q15 このプログラムは保育所向けに作られたものなのでしょうか？その他の児童施設でも活用できますか？

A15 　通園施設のことはすでに触れました。〈私―子ども〉の1対1場面を意図的に作ることができれば，活用できると思っています。本プログラムは子どもを治療（cure）するのではなく，養育（care）をするという視点に立てば可能だといえます。身の回りの具体的なことを介して関係を深めることができるのは小学校の低学年くらいと考えており，この年齢くらいまでなら本プログラムがそのまま活用できると考えています。ただ集団生活を行っている施設の場合（保育所・幼稚園を除いて），他の子ども達との関係が出てくるので応用編になる可能性はあります。本プログラムをよく理解されたうえで，あなたなりにアレンジして活用いただければよいと思います。

memo

索 引

和 文

あ

あい・あい すてっぷ プロジェクト　11

あい・あい保育向上プログラムの特長　3

アセスメント　18

い

インシデント・プロセス法　119, 120

え

援助
　——, 3つの　4, 18, 30
　——の順序　23
　——場面　18
　——方法　22, 128
　——目標　19, 127

か

観察記録　26, 34, 38, 112

間接的な対応　39, 40

き

気になる子ども　2, 6, 126

逆向法　23

記録用紙　27

く

クールダウン　39

具体的な目標　20

こ

肯定的な関わり　25

行動観察　17, 18, 23

子どもの宝探し　42

子どもの変化　7, 117

個別の対応　17

困った行動　15, 22, 38, 119

さ

査定　18

し

自己効力感　7

自己点検票　22, 32

指導記録　112

集団の形成　42
　　主導権　124
　　順向法　23

せ
　セルフ・エフィカシー　7

た
　タイムアウト　39

ち
　小さな目標　19
　直接的な対応　39

て
　テーマ　125

に
　苦手なこと・初めてのこと　15, 21, 119

ひ
　評価　38

ふ
　ファシリテーター　116

ほ
　保育士の変化　8
　　保育日誌　112
　　保護者支援　44, 130
　　母子通園施設　126
　　ほめ方　25

ま
　まとまりのある行動　20

み
　身の回りのこと　14, 19

も
　目標
　　――，援助　19, 127
　　――，具体的な　20
　　――，小さな　19
　　――設定　19
　問題行動　15, 22

数字・欧文

　2者関係　3
　3つの援助　4, 18, 30
　3つのステップ　14, 19
　75%の原則　20
　VTR　121

133

- **JCOPY** 〈(社)出版者著作権管理機構 委託出版物〉
  本書の無断複写は著作権法上での例外を除き禁じられています。複写される場合は，そのつど事前に，(社)出版者著作権管理機構（電話：03-3513-6969，FAX：03-3513-6979，e-mail：info@jcopy.or.jp）の許諾を得てください。

- 本書を無断で複製（複写・スキャン・デジタルデータ化を含みます）する行為は，著作権法上での限られた例外（「私的使用のための複製」など）を除き禁じられています．大学・病院・企業などにおいて内部的に業務上使用する目的で上記行為を行うことも，私的使用には該当せず違法です．また，私的使用のためであっても，代行業者等の第三者に依頼して上記行為を行うことは違法です．

あいち小児保健医療総合センター編
〜行動観察と小さな目標からはじめる〜
気になる子どもの保育の基本
あい・あい保育向上プログラム

ISBN978-4-7878-2120-1

2015年3月31日 初版第1刷発行

監　　修	山崎嘉久
編　　著	今本利一，植田紀美子
発 行 者	藤実彰一
発 行 所	株式会社　診断と治療社

〒100-0014　東京都千代田区永田町2-14-2　山王グランドビル4階
TEL：03-3580-2750（編集）　03-3580-2770（営業）
FAX：03-3580-2776
E-mail：hen@shindan.co.jp（編集）
　　　　eigyobu@shindan.co.jp（営業）
URL：http://www.shindan.co.jp/

印刷・製本　永和印刷 株式会社

[検印省略]

© Yoshihisa YAMAZAKI, Toshikazu IMAMOTO, Kimiko UEDA, 2015. Printed in Japan.
乱丁・落丁の場合はお取り替えいたします．